LILIANA G. DE LA CUEVA

DEL CAOS AL EQUILIBRIO

7 SECRETOS PARA LA ABUNDANCIA

Del caos al equilibrio

7 Secretos para la Abundancia

© Liliana G. de la Cueva
Todos los derechos reservados

Texto: Liliana G. De la Cueva
Revisión editorial: Maru y JJ González; Andrea, Viq y Víctor Palacio
Imágenes interiores y de portada: Liliana G. De la Cueva
Diseño de portada e interiores: Aranza Gutiérrez
Social Network: @zapatillas_para_el_exito

Primera Edición: mayo, 2024
Editorial Trasciende

Reservados todos los derechos. Queda rigurosamente prohibida, sin la autorización por escrito de la autora, bajo las sanciones establecidas en las leyes, la reproducción parcial o total de esta obra, así como su incorporación a un sistema informático, su transmisión en cualquier forma o por cualquier medio, sea este electrónico, mecánico, por fotocopia o por grabación, excepto en el caso de breves reseñas utilizadas en críticas literarias. También queda prohibida la distribución de ella mediante alquiler o préstamo público.

ÍNDICE

INTRODUCCIÓN — 11

- Embárcate: Navegando del caos hacia la abundancia interior — 11
- Promesa — 12

1. SECRETO UNO: EL CAOS COMO OPORTUNIDAD — 15

1.1. Mi caos personalizado — 16
1.2. El caos y El Efecto Mariposa — 20
1.3. El caos transformador — 23
1.4. Diferencia entre reto y desafío — 26
1.5. ¿Cómo cambiar la percepción del caos como obstáculo a una oportunidad de crecimiento? — 27

2. SECRETO DOS: ENCONTRANDO EQUILIBRIO — 31

2.1. Estrategias para crear equilibrio en la vida personal y profesional — 32

2.2. Herramientas prácticas para gestionar la culpa, el estrés y la ansiedad ... 35

    2.2.1. La culpa ... 36

    2.2.2. Diferencias entre el estrés y la ansiedad ... 39

2.3. Transformando el Caos en Creatividad ... 42

    2.3.1. Exploración del proceso de transformación del caos en creatividad y oportunidades ... 46

    2.3.2. La paradoja de la creatividad ... 49

    2.3.3. Trucos para fomentar la creatividad en momentos de caos ... 51

2.4. Gestión del Tiempo y Prioridades ... 55

    2.4.1. Estrategias para una gestión eficaz del tiempo establecimiento de prioridades ... 55

    2.4.2. ¿Cómo mantener el enfoque en lo importante, incluso en situaciones caóticas? ... 58

3. SECRETO TRES: DESBLOQUEANDO LA ABUNDANCIA INTERIOR ... 63

- 3.1. Reflexiones sobre el concepto de abundancia y su importancia en la vida ... 67
- 3.2. Técnicas para identificar y superar bloqueos mentales y emocionales que limitan la abundancia ... 73
  - 3.2.1. El significado oculto de las deudas ... 79
- 3.3. Sistema reticular activador ... 82
- 3.4. El termostato ... 86
- 3.5. Traspasando barreras mentales ... 90
- 3.6. La trampa de la comparación: Transformando la escasez en abundancia ... 92
  - 3.6.1. Comparaciones y Escaseces: El Laberinto de las Ilusiones ... 94
- 3.7. La ley de atracción ... 97
  - 3.7.1. Descubre tu Potencial: Pasos prácticos para conquistar la ley de atracción ... 99

4. SECRETO CUATRO: GRATITUD Y GENEROSIDAD COMO PILARES DE LA ABUNDANCIA — 103

- 4.1. Prácticas diarias de gratitud y generosidad — 107
- 4.2. Impacto de la gratitud y la generosidad en la abundancia — 112

5. SECRETO CINCO: RESILIENCIA Y MOTIVACIÓN EN LA ACCIÓN — 115

- 5.1. Las luchas silenciosas: la resiliencia femenina — 119

6. SECRETO SEIS: DESAFÍA TUS LÍMITES EN TU DESARROLLO PERSONAL Y PROFESIONAL — 123

- 6.1. Desarrollo personal — 124
  - 6.1.1. Resiliencia — 125
  - 6.1.2. Autoestima y aceptación — 126

	6.1.3.	Crecimiento personal	127
	6.1.4.	Desplegando tus alas: Tips para volar alto en tu viaje de autodescubrimiento	130
6.2.		Explorando tu Potencial: Un Viaje de Desarrollo Profesional	132
	6.2.1.	Alcanza tu potencial: Claves para el crecimiento profesional	134

7. SECRETO SIETE: TRASCIENDE CON UNA MARCA PERSONAL AUTÉNTICA — 137

7.1.	Forja tu esencia a través de tu Marca Personal	140
7.2.	Diferencias entre la marca personal presencial y la marca personal virtual	142
7.3.	Construyendo una Marca Personal Auténtica	146
7.4.	Buscando tu Por qué	148
7.5.	Principios de la Marca Personal	150

7.6. De lo personal a lo digital: Transforma tu presencia en línea … 153

7.7. Sostenibilidad de marca … 155

LLEGANDO A LA META: REFLEXIONES Y ACCIONES INSPIRADORAS … 159

- Consejos para superar desafíos y mantener la motivación en el camino hacia el éxito … 159
  - El último empujón … 162
  - El maletín de recursos: Kit de herramientas para construir tu mejor versión … 166
- Afirmaciones: Palabras que transforman … 167
- Creencias limitantes: Rompiendo las cadenas de lo imposible … 178

EPÍLOGO … 187

DEDICATORIA … 189

AGRADECIMIENTOS … 191

TU SIGUIENTE PASO … 193

INTRODUCCIÓN

EMBÁRCATE: NAVEGANDO DEL CAOS HACIA LA ABUNDANCIA INTERIOR

Te invito a explorar una travesía diferente, una que no promete soluciones fáciles ni recetas mágicas, sino un viaje de autodescubrimiento genuino. En estas páginas, nos adentraremos a la búsqueda de la calma en medio de la tempestad, desatando nuestro potencial más profundo. No se trata de cambiar radicalmente nuestra vida de la noche a la mañana, sino de descubrir pequeñas llaves que pueden abrir grandes puertas. Este recorrido, que he decidido emprender escribiendo en femenino para crear un ambiente acogedor y cercano para mis lectoras femeninas, trasciende las barreras de género, por lo que no es limitativo. Después de todo, la sabiduría no conoce fronteras ni pone etiquetas. Bienvenidos todos. Por ello, gracias a mis amigos valientes que se suman a esta lectura, espero que se sientan bien acogidos. Así que amigas y amigos, ¿están listos para descubrir los secretos ocultos hacia la abundancia y el equilibrio? ¡Prepara tu bebida favorita, acomódate en tu sillón preferido y déjate inspirar por las ideas que despertarán tu curiosidad y tu motivación!

PROMESA

No soy un robot. No soy psicóloga, gurú ni coach. No soy fan de atribuirme sabidurías que no me pertenecen. Prefiero hablar desde mi propia experiencia y conocimientos. He tenido algunas tormentas en mi vida, pero nada como para hundir al Titanic (sobre todo porque ya está hundido y no fue por una tormenta). Aquí no vas a encontrar dramas ni tragedias dignas del Oscar.

Soy tan solo yo, una mujer común que sueña con lo extraordinario. Una mujer en construcción. Descubre conmigo este sendero poco convencional hacia el éxito y la realización personal. No esperes un libro de autoayuda, ni consejos genéricos del tipo: "come frutas y verduras". En cambio, te invito a sumergirte en una guía personal que se desprende de mi propia historia, donde comparto tanto los éxitos como los tropiezos que he enfrentado como empresaria, líder, esposa y madre. El miedo ha sido mi compañero en la batalla contra obstáculos externos y mis propios demonios, y aquí te compartiré cómo he lidiado con él.

Encontrarás historias reales y herramientas prácticas para enfrentar los desafíos empresariales, personales y encontrar equilibrio en medio del caos. Exploremos juntas cómo aprovechar el caos como oportunidad de crecimiento, desbloquear tu abundancia interior y construir una vida auténtica y significativa.

En este libro tomaremos ventaja de la magia de las listas. Soy partidaria de ellas porque me parecen prácticas y fácilmente implementables. Estos pequeños tesoros nos guían, y nos inspiran desentrañando los secretos del enfoque y la priorización efectiva. También permiten regresar a ellas de manera accesible. Prepárate entonces para descubrir cómo estas simples herramientas pueden cambiar tu vida.

Mi compromiso contigo es ofrecerte una perspectiva fresca y honesta, llena de inspiración y acción. Embárcate para un viaje emocionante y transformador hacia el equilibrio y el éxito en todos los aspectos de tu vida. ¿Me acompañas?

EL CAOS COMO OPORTUNIDAD

"El caos precede a todos los grandes cambios"

Deepak Chopra.

1.1 MI CAOS PERSONALIZADO

Permíteme compartir contigo los momentos que definen mi existencia a través de un recorrido habitual por mi día. Comienza otra jornada típica con esta escena: suena la alarma de mi teléfono y mi mano aparece luchando valientemente contra la atracción magnética y la tentación de revisar el teléfono celular, tratando de evitar que los mensajes, noticias y redes sociales se conviertan en mis primeros pensamientos del día. Aparentemente, mi teléfono tiene una habilidad especial para reclamar mi atención con más fuerza que mi café matutino. Algunos días tengo la oportunidad de salir a caminar con mi perro. Me gusta hacerlo cuando aún no amanece. No hay ruido, ni gente, ni presiones. Es mi manera de hacer ejercicio.

He incorporado recientemente la lectura de 12 afirmaciones positivas que leo todas las mañanas, acompañadas de inhalaciones veloces que se supone deberían ser profundas y relajantes. Aún me declaro amateur en eso de la respiración Zen. Sigue el desafío de seleccionar la vestimenta adecuada para la variedad de actividades pendientes. Hay que aclarar que esto lo hago en silencio, medio dormida y a oscuras o con poca luz, para importunar lo menos posible al marido. Paso a la travesía de preparar un desayuno sano, nutritivo, balanceado, tentador, delicioso, proteico, iniciando con hojas verdes por aquello de reducir la glucosa, evitando el gluten y el azúcar. Todo esto en 10 o 15 minutos para salir de casa antes de que me toque el tráfico atroz. Subo al auto escuchando un pódcast o algún audio libro para cambiar mi mindset a uno de empoderamiento y crecimiento personal, mordiéndome la lengua para no mentarle la madre al loco que se atraviesa sin reparo, manteniendo lo más posible mi incipiente equilibrio Zen. Respiro profundamente (aunque aún estoy trabajando en perfeccionar esta habilidad) y lo dejo ir.

Llego a la oficina y me siento despachadora de salchichonería con una fila interminable de compañeros tomando turno para hablar conmigo. Abro mi computadora y veo que tengo más de 500 correos que he ignorado por días a los que no quiero enfrentar porque me voy a encontrar con uno de un príncipe africano que me propone depositarme 30 mil dólares en mi cuenta, con otro de un buen samaritano que tiene fotografías mías comprometedoras en lugares donde nunca he estado y que quiere hacerlas públicas y otro más que me notifica el embargo de la finca de mangos de mi abuelita, que lamentablemente ya murió (y que por cierto nunca tuvo), sumado a que ni siquiera le gustaban los mangos.

Atiendo los mensajes, llamadas y pendientes. Resuelvo los "bomberazos" y preparo un café cargado. Reviso las finanzas, las ventas, me estreso porque, como muchas veces, estamos lejos de la meta. Voy al baño, se tapa y tengo que interrumpir todo para conseguir una bomba y una cubeta.

Agradezco un rato de relax y de variedad entre la presión laboral.

Practico el arte del malabarismo que me insta a mantener el equilibrio entre tres proyectos simultáneos. Gestiono varias reuniones seguidas contra el reloj, mientras lucho por recordar el paradero de las llaves de mi carro porque sonó la alarma del parquímetro y debo correr a renovarlo para evitar una multa. Tomo un sorbo de mi café ya frío.

En el dilema del equilibrio perfecto, me esfuerzo por mantener la compostura en una cita importante, a pesar de que mi mente divaga entre un informe financiero, hacer contenido para mis redes sociales y los preparativos de una cena especial. Tomo un rato mi teléfono y me doy permiso de distraerme con redes sociales.

Salgo a toda velocidad antes de la *"rush hour"* rumbo a casa sin antes olvidar

los compromisos personales, como el cumpleaños de una buena amiga a la que me gustaría darle un regalo especial que debo pasar a comprar.

Llego a casa, acaricio a mi perro que me pide atención, me quito los zapatos, me preparo algo de comer con menos atención y cuidado que por la mañana, pero verificando la hora para poder cumplir con el ayuno intermitente de al menos 12 horas recomendado por mi nutrióloga.

Enciendo el televisor, el ruido me relaja, aunque no lo veo con plena atención. Reviso pendientes de casa, organizo ropa, la doblo y guardo, veo compras pendientes, llamo a mi mamá y charlo con mi marido para ponernos al día. Le mando un mensaje a mi hijo preguntando dónde anda y a qué hora regresa porque no me puedo dormir con paz si no llega temprano o al menos tener una pista sobre su plan.

Tomo el teléfono, exploro un rato. Leo algunas páginas de un libro en turno, me acuesto y al menos sé que me duermo con facilidad.

Esta radiografía de "Un día en la vida de Liliana" es muestra de que no importa lo que planee, muchas actividades no agendadas, van a brincar y se van a posicionar como prioridades. Para mí, que soy orgullosamente una meticulosa perfeccionista controladora de elevados estándares, dicho con algo de ironía, las cosas que salen de mi control me generan estrés, frustración y esa sensación de caos que me saca de balance. O de lo que yo creo que debería de ser mi balance. ¿Hasta cuando voy a entender que ese caos es mi normalidad? ¿Qué puedo hacer para aceptarlo y dejarme fluir sin sentir que estoy soltando? ¿Cómo puedo surfear con la ola más alta sin pensar y angustiarme de que me va a revolcar?

1.2 EL CAOS Y EL EFECTO MARIPOSA

¡Ah, el caos!, ese hermano rebelde del orden. Imagina un universo donde todo está bailando *La Macarena* sin seguir ninguna coreografía. Eso es el caos. Es un lío encantador que desafía las leyes del orden y la previsibilidad.

La teoría del caos nos dice que hay procesos de naturaleza aleatoria imposibles de determinar, pero a pesar de ello, pueden seguir patrones.

> La idea básica del caos es que pequeños cambios pueden llevar a resultados enormemente diferentes. Una pequeña acción puede tener un gran impacto, como si una ficha de dominó empujara a todas las demás.

[1]"El aleteo de las alas de una mariposa se puede sentir al otro lado del mundo. Este proverbio chino es el origen, junto a las investigaciones del matemático y meteorólogo Edward Lorenz, de una de las más cinematográficas teorías físicas: el efecto mariposa. Según este concepto vinculado a la teoría del caos, el aleteo de un insecto en Hong

---

1 https://www.nationalgeographic.es/ciencia/el-efecto-mariposa.

Kong puede desatar una tempestad en Nueva York. Pero, ¿es posible que el aleteo de una mariposa en Sri-Lanka pueda provocar un huracán en EE. UU.?

Una pequeña perturbación inicial, mediante un proceso de amplificación, puede generar un efecto considerable a medio y corto plazo. El movimiento desordenado de los astros, el desplazamiento del plancton en los mares, el retraso de los aviones, la sincronización de las neuronas; todos son sistemas caóticos o dinámicos no lineales."

Edward Lorenz, quien es conocido como el padre de la teoría del caos, pensaba en el clima como un buen ejemplo de este embrollo. Veía que no existe una forma segura de conocer el comienzo de todo con precisión. En 1963, mientras Lorenz hacía predicciones del clima en su computadora, tuvo el antojo de un cafecito. ¡El chico es de mi club! Para agilizar la cosa, decidió ingresar algunos datos de forma manual omitiendo algunos decimales. Al regresar y verificar la información, descubrió enooooormes alteraciones en los resultados, derivados de esos cambios que de forma manual había realizado. Lo genial aquí es que Lorenz vio que un cambio muy pequeño al principio podía causar grandes cambios después. Publicó sus descubrimientos en *"Journal of the Atmospheric Sciences"* en el artículo seminal, titulado *"Deterministic Nonperiodic Flow"* durante el mismo año.

Las investigaciones de Lorenz fueron un gran parte aguas en cómo vemos las cosas. Antes, la gente pensaba que si conocíamos todas las condiciones iniciales y teníamos unas ecuaciones mágicamente elevadas, podríamos predecir todo. Pero Lorenz nos enseñó que eso no siempre es cierto. Hoy en día, usamos supercomputadoras para simular cosas como el clima o el universo, pero siempre hay un margen de error. Es difícil predecir con certeza en sistemas complicados como el clima o la bolsa, así que hablamos de probabilidades.

La teoría del caos, que nos obliga a reflexionar sobre un hecho fundamental: el mundo no opera de manera precisa y predecible en cada detalle. Nos guste o no, el caos está presente en nuestras vidas. Siempre existe un espacio para lo inesperado, lo que significa que en ocasiones nos resultará casi imposible anticipar las consecuencias de ciertos eventos. Esta noción desafía nuestra tendencia a buscar patrones y orden en todo, recordándonos que, al final, la incertidumbre y la variabilidad son aspectos inherentes de la existencia humana.

El efecto mariposa es como el caos organizado de la naturaleza, lo que básicamente significa que pequeños cambios en un lugar pueden tener grandes impactos en otro. Y si aplicamos lo del aleteo de las mariposas, ya sabes, ¡a cuidarlas! Quién sabe lo que esas aladas son capaces de desatar.

Muchos aspectos de nuestra vida están sujetos a la influencia del efecto mariposa. Aplicado al día a día, aceptemos que pequeñas variaciones en nuestros hábitos o costumbres pueden ocasionar grandes transformaciones. Todos sabemos lo mucho que nos cuesta emprender grandes cambios. Además de nuestros temores habituales, la desidia, la vacilación, la incertidumbre, la inseguridad y la pereza deciden unirse a la diversión, impidiéndonos visualizar más allá de los obstáculos que nos esperan en el camino. Solo de imaginarte lo que te espera te entran ganas de encerrarte en tu zona de confort y comerte la llave.

1.3 EL CAOS TRANSFORMADOR

El caos es una fuerza de la naturaleza que, a primera vista, puede parecer abrumadora e impredecible. Sin embargo, al examinarlo más de cerca, es fácil descifrar que el caos no es simplemente desorden; es una oportunidad de transformación y crecimiento. En el ámbito personal y profesional, el caos puede presentarse en diversas formas: cambios inesperados, desafíos imprevistos, momentos de incertidumbre y crisis. Pero lejos de ser algo negativo, el caos nos invita a salir de nuestra zona de confort, a la que también podríamos llamar zona de estancamiento. Al dar ese valiente paso, vamos a sentir incomodidad porque no estaremos en terreno conocido, enfrentando nuevos desafíos con la recompensa del crecimiento y la evolución.

> En un sentido personal, el caos me ha empujado a adaptarme y a desarrollar mi resiliencia. Enfrentarme a situaciones que ponen a prueba mis límites ha sido un detonador para buscar soluciones creativas y flexibles. Es en estos momentos de caos que he descubierto mis fortalezas ocultas y he aprendido lecciones valiosas sobre mí misma y mi entorno.

En el ámbito profesional, el caos es un catalizador para la innovación y el cambio. Las empresas, los emprendedores exitosos y algunas veces yo, comprendemos que el caos no es un obstáculo, sino una oportunidad para reinventarse y encontrar nuevas formas de hacer las cosas. En un mundo empresarial cada vez más competitivo y dinámico, aquellos que saben adaptarse al caos emergen más fuertes y más preparados para enfrentar los desafíos del futuro.

Mi experiencia como emprendedora me ha enseñado que el caos es una parte inevitable de la vida empresarial. He enfrentado momentos retadores de crisis y desafíos inesperados que me han obligado a replantearme mis estrategias y a buscar nuevas oportunidades de crecimiento. A lo largo del tiempo, estos desafíos me han permitido aprender que el caos puede ser una gran oportunidad de reinventarme y a confiar en mi capacidad para superar obstáculos que se interpongan en mi camino.

En resumen, el caos no es algo que debas temer o evitar, sino algo para abrazar y aprovechar. Es una fuerza poderosa que te impulsa a crecer, a evolucionar y a alcanzar tu máximo potencial, tanto en lo personal como en lo profesional. Explorar el concepto de caos y su relación con el crecimiento personal y profesional, te permite abrirte a nuevas posibilidades y oportunidades que te ayudarán a convertirte en la mejor versión de ti misma.

1.4 DIFERENCIA ENTRE RETO Y DESAFÍO

Podríamos considerar que ambas palabras son sinónimos entre sí, pero profundizando un poco en ellas, reto tiene una connotación más dirigida hacia dar respuesta a una dificultad o enfrentamiento, mientras que desafío llama a la motivación y a la inspiración.

Los retos son como escalones que ya hemos subido antes; nos prueban sin sorprendernos demasiado. Los desafíos, en cambio, son como senderos desconocidos en un bosque por explorar. Tienen ese toque de misterio y emoción que nos hace sentir vivas. Los retos pueden ser rutinarios, predecibles, mientras que los desafíos son únicos, impredecibles y llenos de oportunidades para crecer, aprender y sorprendernos a nosotras mismas. Optar por ver los desafíos en lugar de los simples retos es como elegir el camino lleno de aventuras, aprendizaje y autodescubrimiento. Nos retamos constantemente, ¡sí!, pero desafiarnos a nosotras mismas a ser más, a ir más allá de lo que creíamos posible, nos lleva más lejos por la ruta con la mejor vista panorámica.

1.5 ¿CÓMO CAMBIAR LA PERCEPCIÓN DEL CAOS COMO OBSTÁCULO A UNA OPORTUNIDAD DE CRECIMIENTO?

Tengo un tema con el caos. Creo que tiene que ver con mi necesidad de sentir que tengo todo bajo control. La sensación de sentirme abrumada por la cantidad de cosas que tengo que resolver en un día, y sobre todo si no son planeadas, me genera una gran frustración porque me gustaría tener mi agenda dominada, mi closet impecable, tener balance con la atención que pongo en mis relaciones, una rutina flamante, una alimentación equilibrada, un óptimo cuidado de mi salud, etc. Entonces, si no hay orden, pues hay caos. Y si hay caos, hay estrés y frustración.

Imagina que el caos es esa visita inesperada a tu casa justo cuando estás recién levantada, en ropa deportiva y sin bañar, con la cocina llena de platos sucios y el perro aullando cuál concierto de rock. En lugar de entrar en pánico, ¿por qué no abrazar el caos como un amigo estrafalario que te trae oportunidades disfrazadas de desafíos?

Es como jugar al Tetris con tu vida. El caos lanza bloques de problemas hacia ti, y tu habilidad consiste en encontrar el lugar adecuado para encajarlos. Cada problema resuelto es como completar una línea y ¡zas! ¡Puntuación extra para ti!

Cambiar la percepción del caos es como cambiar de playlist cuando solo encuentras canciones que ya has escuchado mil veces. Se trata de mirar más allá del desorden y ver las oportunidades de crecimiento y aprendizaje que vienen con él. ¿Es fácil? ¡No siempre!

> Así que la próxima vez que el caos llame a tu puerta, ¡invítalo a pasar y prepárate para el desafío! Porque, créeme, el caos puede ser tu mejor entrenador personal de crecimiento si sabes cómo bailar con él.

Para cambiar la percepción del caos como obstáculo a una oportunidad de crecimiento, podríamos seguir estos pasos:

1. **Reevalúa la situación:** Si estás en una situación caótica, el siguiente paso después del impacto inicial es cambiar el enfoque. En lugar de ver solamente la parte negativa, podemos reflexionar sobre cómo podemos aprender y reconstruirnos desde donde estamos a partir de él.

2. **Busca el sentido en la adversidad:** A veces, el caos nos obliga a enfrentar nuestras debilidades y a descubrir nuevas fortalezas. Encontrar sentido en la adversidad puede ayudarnos a verla como una oportunidad para crecer y evolucionar como individuos.

3. **Define el reto a enfrentar:** A menudo, cuando nos encontramos con un problema, estamos tan inmersas en él que no podemos verlo objetivamente. Antes de tomar cualquier acción, tómate el tiempo para identificar claramente cuál es el problema. Hazlo de manera sensata, dejando de lado las emociones y prejuicios. Yo tengo mi propia frase a este respecto: Es como si tuvieras la nariz pegada a un elefante. Solo ves gris y pelos. ¡Te tienes que alejar para entender que es un elefante!

4. **Detecta oportunidades:** En medio del caos, es posible que surjan oportunidades que no habríamos considerado en circunstancias normales. Es importante mantener una mente abierta y estar atentas a estas posibilidades.

5. **Adopta una mentalidad de crecimiento:** En lugar de sentirnos abrumadas por el caos, podemos adoptar una mentalidad de crecimiento que nos permita ver los desafíos como oportunidades para mejorar y desarrollarnos. Es hacer a un lado por un

momentito la angustia y explorar otra perspectiva de las cosas.

6. **Entrena tu mente para pensar positivamente:** Si te concentras en los problemas, tu punto focal estará ahí, deslumbrándote de todo lo demás a tu alrededor sin permitirte ver el contexto. La clave está en entrenar tu cerebro para buscar soluciones y enfocarte en lo positivo que puede surgir de cada obstáculo.

7. **Aprende de la experiencia:** Cada experiencia caótica puede ser una lección valiosa. Tomar el tiempo para reflexionar sobre lo que has aprendido y cómo podrías aplicarlo en el futuro. Es una alternativa para cambiar nuestra percepción del caos.

8. **Relájate y acepta lo que no puedes cambiar:** A veces, la verdadera paz se encuentra en dejar ir lo que no podemos cambiar y encontrar la fortaleza para modificar lo que sí está en nuestras manos. "La serenidad llega cuando intercambias expectativas por aceptación" *Gautama Buddha*.

ENCONTRANDO EL EQUILIBRIO

"El equilibrio no es algo que encuentres, es algo que creas"

Jana Kingsford.

2.1 ESTRATEGIAS PARA CREAR EQUILIBRIO EN LA VIDA PERSONAL Y PROFESIONAL

¿Qué tanto puedo separar mi vida personal de la profesional?

En la acelerada carrera de mi vida actual, frecuentemente me encuentro enredada en la telaraña de mis responsabilidades personales y profesionales. La pregunta que me persigue constantemente es: ¿qué tan factible es separar estas dos esferas de mi existencia? En el afán por destacar en mi carrera, ¿qué tanto sacrifico mi proyecto de vida personal? Y, por otro lado, ¿si me dedicara plenamente a mi vida personal, significaría un estancamiento profesional inevitable?

Considero que ese es un dilema relevante de nuestra época que a muchas nos pasa: ¿cómo lograr el equilibrio entre mi vida personal y mi carrera sin terminar en un colapso emocional o profesional? Quiero suponer que muchos, hombres y mujeres, hemos estado allí, preguntándonos si deberíamos estar más tiempo en la oficina cuando estamos en casa y al estar inmersos en el trabajo nos cuestionamos si deberíamos dedicarle más atención a nuestra vida personal. Y en ambos casos nos preguntamos si necesitamos desesperadamente unas vacaciones para fortalecer el vínculo con nuestra propia esencia.

La realidad es que cuando estamos en una u otra esfera, no nos desconectamos totalmente de la otra. Por supuesto que somos una unidad y buscar tener una inmersión total en cada ámbito no es sostenible ni siquiera creo que pueda ser real al cien por ciento. La diversificación de tu tiempo y atención se da ya sea porque te nace, o bien porque el entorno te lo pide. Los costos de permanecer solo de un lado de manera absoluta son muy altos, porque pertenecemos naturalmente a nuestro lado personal y, por otro lado, también el profesional nos absorbe, ya sea por pasión o por necesidad. Y no importa finalmente a qué te dediques. Tu deseo de aprender, de capacitarte, de ser mejor que ayer, demuestra que tu lado profesional está activo, incluso si crees que no lo tienes tan explorado.

Pero, ¿qué es el equilibrio entre la vida personal y profesional? No se trata solamente de hacer bloques bien definidos de tiempo en tu agenda para lo personal y lo profesional. Ya sabemos que hay acontecimientos y circunstancias impredecibles. Por supuesto que ayuda si impregnamos cierto grado de flexibilidad y al cerrar un ciclo ya sea de tiempo o del término de un proyecto hacemos un corte de caja para constatar que atendimos lo más valioso de manera adecuada de cada esfera.

No caeremos en la disyuntiva de elegir entre una cosa y la otra. Aceptemos desde el principio que es un juego imperfecto y que nuestro tiempo y energía son limitados. Hay proyectos de uno y otro lado que son incompatibles y que tendremos que estar haciendo concesiones y negociaciones con las necesidades y con los actores de cada esfera.

Es decir, si yo tengo el plan de tomarme dos días de descanso con mi familia en medio de una semana laboral, deberé planear con la mayor antelación, dejando resueltas en medida de lo posible mis responsabilidades laborales, anticipándome a las posibles necesidades que me puedan requerir, y pasando mi mentalidad a modo "mantenimiento" para no desconectarme al 100%, lo cual me haría sentir irresponsable y con una culpa enorme.

Del modo contrario, atendiendo un viaje laboral, un proyecto demandante o una larga jornada en la oficina, en mi desconexión con mi vida personal, trato de anticiparme a las posibles necesidades de casa sin sentirme irresponsable, sino madura y nuevamente aplico el modo "mantenimiento" para saber que dejo las cosas caminando de la mejor manera que en lo posible, me permita tener una mejor atención, productividad y concentración en mi trabajo.

> El equilibrio en la realización consiste en atender los rubros más importantes de ambos aspectos.

2.2 HERRAMIENTAS PRÁCTICAS PARA GESTIONAR LA CULPA, LA ANSIEDAD Y EL ESTRÉS

Estos tres villanos son los que me rompen el esquema cuando estoy en alguna de las esferas. Me sabotean y son la piedrita en el zapato que no me permiten estar al cien, producir al cien y disfrutar al cien. Se aparecen de repente como sombra a demandar atención. ¡Pero creo que tengo el remedio! Entender estos sentimientos, los disparadores y mis reacciones me han permitido enfrentarlos, quitarles peso y lidiar con ellos. Revisemos cada uno de ellos.

2.2.1 LA CULPA

La culpa es una emoción que brilla cuando entra en conflicto con nuestros valores o con nuestros pensamientos, sobre todo, cuando hacemos algo que creemos que no debimos haber hecho. La culpa puede venir de dentro o de afuera, cuando otros señalan algo que hicimos o dejamos de hacer. En cierto sentido, la culpa puede ser positiva. Si mi hermana me pregunta algo y yo le contesto de forma golpeada sin razón, la culpa me alerta que no fui congruente con mis principios, aparece porque me importan los demás y me hace tomar acción para enmendar el daño. Este tipo de culpa puede ser justificada, porque es un regulador de conducta y valores. Es útil ya que sintoniza con nuestros principios.

Tiempo atrás, cuando mis hijos eran bebés, recuerdo el sentimiento de culpa al salir a tomarme un café con mis amigas y dejar a los pequeños con su papá. Ese malestar no me dejó disfrutar la tarde al sentirme la peor madre del mundo. Este sentimiento viene de fuera, desde un contexto sociocultural que estandariza cómo debería conducirse una buena madre. También podría venir de terceros, que opinan sobre los comportamientos que, a su manera de pensar, son los apropiados. En este caso, mal enfocada, se convierte en una herramienta de manipulación y chantaje. La culpa que sentí aquí no fue justificada, sobre todo si no había hecho daño a nadie ni se contrapone con mi escala de valores.

La culpa "no tiene la culpa" de su mala fama y de su mal manejo. Por supuesto, como ya vimos, cumple una función vital que nos ayuda a ser mejores. El problema es que no la sabemos gestionar.

> El antídoto para el manejo de la culpa es el aprendizaje.

Te comparto siete herramientas para gestionar la culpa de manera saludable:

1. **Detecta el origen de la culpa:** Analiza su origen y cuál fue el detonante. ¿Es culpa interna o externa? ¿Es justificada? Reflexiona sobre los eventos que la desencadenaron.

2. **Asume los errores:** Como seres humanos, no estamos diseñados para la perfección. No te justifiques si no es necesario.

3. **Acepta la culpa:** Aceptar que cometemos errores es fundamental. La culpa solo es el mensajero, es un reflejo de una

acción. Practicar la amabilidad en nuestra propia persona nos permite liberarnos del remordimiento y seguir adelante sin estancarnos.

4. **Aprovecha la oportunidad de mejora:** Si cometiste un error, acéptalo, repara el daño y recuerda que esa acción no te define ni te representa. Dale otro sentido y transfórmalo en una oportunidad de aprendizaje, ¿cómo podrías hacerlo mejor la próxima vez?

5. **Expresa arrepentimiento y repara el daño:** Si has causado daño a alguien, expresar tu arrepentimiento es importante. Pide disculpas sinceramente y busca enmendar la situación. El hacerlo genuinamente puede aliviar la carga de la culpa.

6. **Reconoce que hay hechos difíciles de perdonar:** No todos los actos pueden ser perdonados fácilmente. Algunas situaciones pueden ser dolorosas o impactantes para ti misma y para los demás. Aprende a aceptar que no siempre podrás resolver todo o recibir el perdón de los demás. En cuanto a ti misma, gestiona tu propio perdón. Busca soluciones constructivas para liberarte de la culpa.

7. **Déjalo ir:** No te quedes dándole vueltas. Si hiciste daño a alguien, discúlpate, repáralo. No te tortures. Fluye.

2.2.2 DIFERENCIAS ENTRE EL ESTRÉS Y LA ANSIEDAD

El estrés es como una reacción que sientes cuando enfrentas una situación difícil o demandante, como presentar de un proyecto importante o una fecha límite apretada. Es como una alarma que te indica que necesitas estar alerta y actuar.

La ansiedad, por otro lado, es más como preocuparte constantemente por cosas que podrían pasar en el futuro, incluso cuando no hay una razón clara para estar preocupada. Es como tener esa sensación de nerviosismo o inquietud que no se va fácilmente, y a veces puede afectar tu vida diaria.

Para sintetizar, el estrés es una respuesta inmediata a una situación difícil, mientras que la ansiedad es una preocupación constante por el futuro.

Pero resulta también que hay dos tipos de estrés:

- El estrés "bueno" llamado *eustrés* que es el que nos impulsa a alcanzar nuestras metas con esa dosis a veces adictiva de adrenalina que aumenta la productividad, nos mantiene motivados y a veces hasta sin comer.

- El estrés "malo" llamado *distrés* que es aquel que nos genera tensión ante una amenaza, miedo o tensión y se acompaña de dolor de cabeza, tensión física o insomnio.

El *eustrés*, o estrés positivo, sucede cuando enfrentamos desafíos que nos motivan o nos ayudan a concentrarnos mejor. Es como una chispa que nos impulsa a superarnos y nos hace sentir bien cuando lo logramos.

La clave está en cómo vemos la situación y en lo seguros que nos sentimos. Cuando nos sentimos capaces y confiados, es más probable que experimentemos este tipo de estrés bueno.

Por otro lado, el *distrés*, o estrés negativo, ocurre cuando nos sentimos amenazados o inseguros frente a algo. Nos hace sentir ansiosos y puede causarnos dolores de cabeza u otros síntomas físicos y mentales.

El estrés y la ansiedad dependen de cómo vemos y manejamos una situación. Cuando sentimos que no podemos controlar algo, es probable que sintamos estrés negativo.

El estrés positivo puede ser bueno porque nos da la sensación de logro cuando superamos desafíos y nos motiva a seguir adelante. También nos da un impulso mental y libera hormonas que nos hacen sentir bien, como la dopamina y la adrenalina.

Sin embargo, es importante saber que depender demasiado del estrés positivo puede tener efectos negativos en nuestra salud. Por eso, es crucial encontrar un equilibrio y aprender a manejar el estrés para evitar problemas a largo plazo.

Comparto contigo algunas recomendaciones para enfrentar los desafíos del manejo del estrés y la ansiedad con confianza:

1. **Respira, ten calma, actúa:** Aprende técnicas de respiración para despejar tu mente y enfocarte en lo que realmente importa. La clave está en la respiración consciente: inhala, exhala y toma el control. ¡Yo sigo practicando!

2. **Organiza tu caos:** La gestión del tiempo es clave. Utiliza herramientas como agendas y listas de tareas para mantener el orden en tu vida, liberando espacio mental para lo importante.

3. **Mindfulness en movimiento:** Incorpora la meditación y el mindfulness en tu rutina diaria. Dedica unos minutos cada día para reconectar contigo misma y encontrar paz en medio del caos.

4. **El Poder del "NO":** Aprende a establecer límites y decir "no" cuando sea necesario. No tienes que hacerlo todo tú misma. Aprende a delegar y priorizar para

mantener tu salud mental en óptimas condiciones.

5. **Convierte el estrés en energía positiva:** En lugar de ver al estrés como un enemigo a vencer, cambia la perspectiva y abrázalo como un desafío que te hace crecer y aprender.

No te dejes abrumar por el estrés y la ansiedad. Con estas herramientas prácticas, estarás lista para enfrentar cualquier desafío que se cruce en tu camino. ¡Tú tienes el control de tu vida!

2.3 TRANSFORMANDO EL CAOS EN CREATIVIDAD

Yo soy arquitecta de profesión y me he especializado en el diseño de iluminación y la creación de espacios inteligentes, también llamadas *domótica e inmótica*. Hace tiempo, tenía programado en mi oficina la visita de un grupo de arquitectos, clientes potenciales, a los que les mostraríamos la importancia de la iluminación en la arquitectura. Nos esmeramos en preparar una presentación con diapositivas y una mesa sencilla, pero hermosamente decorada con bocadillos de atractivos colores. Acondicionamos el espacio sabiendo que era de vital importancia transmitir sensaciones y percepciones a través de una experiencia de luz inmersiva. Los invitados llegaron y casi de inmediato, tuvimos un "apagón repentino". Adiós preparaciones preliminares, adiós mesa atractiva, adiós presentación espectacular. Hola presión, hola miedo e improvisación. Había que sacar el ingenio al momento. Sacamos linternas, conseguimos velas y armamos una experiencia "espontánea" donde nos vimos obligados a exaltar el valor de la oscuridad, casi como si lo hubiéramos planeado de esa forma. Este evento "a ciegas" resultó una vivencia única y memorable donde nuestros invitados quedaron satisfechos con la creatividad salida bajo la manga.

No siempre me han salido bien las cosas después de que me salen mal. Mi estándar común es que las cosas difícilmente pasan tal y como las había planeado, y mi reacción habitual es que quiera forzar las circunstancias hacia el resultado que estaba planeado inicialmente. Si comparo el resultado real con la expectativa, las diferencias pueden ser notables, al igual que la frustración.

El secreto aquí es replantear y hacer las preguntas correctas. ¿Cómo puedo sacar provecho del resultado obtenido sin importar si se asemeja a lo que había planeado?

¿Has escuchado hablar de la serendipia?[2] Tiene que ver precisamente con la creatividad a través de lo fortuito. Comparto algunos ejemplos:

1. **Penicilina de Alexander Fleming:** Fleming dejó un plato de cultivo bacteriano en su laboratorio sin limpiar antes de irse de vacaciones. Esto casi no la ha pasado a nadie nunca, ¿verdad? Al regresar, descubrió que una colonia de moho había contaminado el plato, pero también había inhibido el crecimiento bacteriano a su alrededor. Este descubrimiento accidental condujo al desarrollo de la penicilina, el primer antibiótico. Solo él sabrá como le fue con su esposa cuando ella vio semejante escena al regreso del viaje.

2. **Chocolate chip cookies:** Ruth Wakefield, dueña de una posada llamada Toll House Inn, en 1938 estaba haciendo galletas de chocolate, como siempre lo hacía, para sus huéspedes. Pronto notó que se había quedado sin chocolate en polvo. En su lugar, rompió trozos de chocolate semidulce pensando que se

---

2 ¿Te interesa saber más sobre la serendipia? Te recomiendo dos interesantes lecturas: "Serendipia" de Guzmán López https://guzmanlopez.wordpress.com/escritor/ y "Serendipity" de Mari Carmen Obregón https://www.thewowu.com/libro-serendipity

derretirían completamente. Sin embargo, los trozos no se fundieron y las galletas resultaron en esa textura crujiente y deliciosamente inesperada. Así nacieron las famosas galletas con chispas de chocolate.

3. **El microondas:** En 1945, el ingeniero Percy Spencer estaba trabajando en un radar militar cuando notó que un chocolate (¡otra vez chocolate! Yo veo un patrón por aquí, ¿no crees?) en su bolsillo se había derretido. Descubrió que las microondas del radar eran las responsables. Intrigado, colocó palomitas de maíz cerca del radar y las vio explotar. Este accidente llevó al desarrollo del horno de microondas. ¿Habrá mezclado las palomitas con el chocolate? Yo creo que no. ¡Yo lo intentaré! Probablemente, pueda diseñar una experiencia chocolatosa que me catapulte al éxito.

4. **La tela Velcro:** En 1941, el visionario ingeniero suizo George de Mestral estaba dando un paseo campestre y notó que las semillas de bardana se adherían a su ropa y al pelaje de su pobre perro. Al observarlas bajo un microscopio, vio que tenían pequeños ganchitos que se prendían sin esfuerzo en cualquier cosa con superficie textil. ¡Voilà!, Así nació el Velcro, la solución pegajosa a todos nuestros problemas textiles inspirada por este diseño natural.

5. **La vacuna contra el Covid 19:** El desarrollo de las vacunas de ARNm para la COVID-19, inicialmente investigadas para otras enfermedades como el cáncer y el virus del Zika, resultó ser un golpe de suerte revolucionario que permitió aventajar los estudios para crear rápidamente vacunas altamente efectivas contra el coronavirus, convirtiéndose en una herramienta crucial en la pronta respuesta contra la pandemia global, a pesar de que a nosotros, los de a pie, nos pareció una eternidad el tiempo que ocurrió hasta que sacaron las vacunas durante la pandemia del coronavirus.

En todos estos casos, se tenía un plan y una directriz hacia un objetivo. En el camino, las cosas cambiaron, es decir, apareció un punto de inflexión y hubo un pensamiento creativo que tuvo que modificar el rumbo. Pero también hubo talento detrás que tuvo la facilidad de ver que aunque el resultado no fuera el deseado, al hacerse las preguntas correctas, se redirigieron los esfuerzos para lograr desenlaces audaces.

2.3] EXPLORACIÓN DEL PROCESO DE TRANSFORMACIÓN DEL CAOS EN CREATIVIDAD Y OPORTUNIDADES

¿Qué haces cuando las cosas no salen como tú esperas? Te frustras, te enojas, le das la vuelta, lo ignoras, lo intentas solucionar?

Normalmente, no sabemos manejar los errores o fallos de manera efectiva. Sin embargo, es importante tener la apertura mental para comprender que, en muchas ocasiones, el error puede convertirse en la musa, en nuestra mayor fuente de inspiración.

Pongamos algunos ejemplos: ¿Cómo te gestionas cuando tu vuelo se retrasa, o cuando llueve en el picnic que organizaste por semanas? ¿O si te cancelan la gran venta en la que ya hasta habías gastado el anticipo? ¿Y qué hacer si el internet falla justo antes de enviar ese correo importante? ¿O cuando tu perro se come la tarea? ¿Y si olvidas tu celular en casa y no puedes regresar por él? ¿O si te posponen una cita y quedas con tiempo muerto? ¿Cómo reaccionas?

Lo primero que debes hacer de forma deseable, es mantener la calma y evaluar la situación. El siguiente paso es aceptar que los contratiempos son parte de la vida y aprovechar la oportunidad para buscar soluciones que posiblemente sean inesperadas. Lo importante es conservar una mentalidad abierta y ver el contratiempo como una oportunidad para descubrir nuevas alternativas.

Por eso me encanta esta frase:

"La suerte solo favorece a las mentes preparadas" *Louis Pasteur*

Cuando las cosas se ponen difíciles, es importante estar alerta para encontrar nuevas formas de resolver los problemas y aprender de ellos. Mantenernos abiertos y flexibles nos ayuda a convertir los contratiempos en oportunidades y sacar lo mejor de cada situación. Aprendamos a optimizar y ejercitar el pensamiento creativo. Detrás del fallo o el cambio de rumbo hay una oportunidad de redirección que nos impulsa a llegar al éxito de forma diferente de cómo lo habíamos imaginado. Seguramente encontraremos respuestas a preguntas que nunca nos hicimos, respuestas inesperadas, respuestas que no estábamos buscando. Mantengámonos atentas a escuchar esos mensajes, para movernos hacia el nuevo rumbo con creatividad.

Hay que replantear las preguntas que nos hacemos. Siguiendo con el ejemplo de la cita cancelada, el primer impulso es posiblemente algo de frustración por no concretar el plan inicial y vernos atrapados con ese hueco en la agenda.

Las preguntas que posiblemente nos haríamos son:

1. ¿Por qué siempre me pasa esto a mí?
2. ¿Qué hice mal para que cancelaran la cita?
3. ¿Por qué nunca puedo tener suerte con mis citas?
4. ¿Por qué las cosas nunca salen como espero?

Las preguntas que deberíamos hacernos son:

1. ¿Qué oportunidades se presentan ahora que tengo este tiempo libre inesperado?
2. ¿Cómo puedo aprovechar este momento para hacer algo que me beneficie de alguna manera?
3. ¿Qué actividades puedo realizar para disfrutar de este tiempo para mí misma?
4. ¿Qué aprendizaje puedo obtener de esta experiencia y cómo puedo aplicarlo en el futuro para tener mejores citas?

2.3.2 LA PARADOJA DE LA CREATIVIDAD

Einstein decía de sí mismo que no era una persona creativa, sino más bien que era una persona enormemente curiosa. La realidad es que no nos gusta explorar porque hacerlo significa arriesgarse.

Un experto en su elemento no se da la oportunidad de explorar opciones porque su conocimiento de la estructura y soluciones previamente comprobadas lo limita. Un niño o un aprendiz con espíritu de niño, por el otro lado, tiene la frescura para ser flexible y crear algo nuevo, pero no tiene el conocimiento. ¿Entonces, dónde está el punto medio entre el saber y el tener libertad creativa?

El punto medio entre el conocimiento y la libertad creativa radica en la capacidad de combinar ambos aspectos de manera equilibrada. Un experto puede mantener su conocimiento y experiencia mientras se mantiene abierto a nuevas ideas y enfoques. Por otro lado, un niño puede beneficiarse de la orientación y el aprendizaje de los expertos mientras conserva su curiosidad y disposición para explorar lo desconocido. El equilibrio se encuentra en aprovechar el conocimiento como una base sólida y sin rigidez, mientras se fomenta la creatividad y la flexibilidad mental para explorar nuevas posibilidades.

Hay que hablar del ingrediente clave: la pasión, que sirve como un combustible vital que impulsa la creatividad al alimentar la motivación y el compromiso con el proceso creativo. Es la chispa que enciende la llama de la imaginación y la innovación, permitiendo tanto al experto como al niño explorar nuevas ideas, enfrentar desafíos y encontrar soluciones creativas.

Ya seas un "as" o un niño explorando, la creatividad y la pasión son clave. Pero en un mundo competitivo y global donde la oferta en casi todas las áreas está rebasada, cualquiera puede acceder a la información en esta era de la inteligencia artificial, necesitamos destacarnos con autenticidad.

¿Qué pasa cuando hacer las cosas bien ya no es suficiente? Bueno, te lo diré: aparece un competidor posiblemente recién llegado desde la China que hace lo mismo que tú, pero más barato, o un chatbot que está listo para asumir roles en un abrir y cerrar de ojos, ofreciendo nuevas opciones. Pero no te preocupes, aquí está la solución: ¡diferenciarse y humanizar tu respuesta! Porque en un mundo donde todos tienen acceso al mismo conocimiento, mantener tu esencia genuina es lo que realmente te hace destacar.

2.3.3 TRUCOS PARA FOMENTAR LA CREATIVIDAD EN MOMENTOS DE CAOS

El caos aparece cuando trazamos un plan y las cosas no salen acorde a la ruta imaginada o planeada. Surgen entonces el miedo y la frustración. La incertidumbre se convierte en nuestra compañera de viaje, obligándonos a improvisar y encontrar soluciones sobre la marcha. Es ahí donde descubrimos de qué estamos hechas, nuestra verdadera capacidad de adaptación, forjando nuestra resistencia en el torbellino del caos.

Pero no siempre los pensamientos creativos aparecen a la primera, en medio de tanto ruido que generan la confusión y el caos. La falta de inspiración y flujo de ideas puede ser resultado de la sobrecarga sensorial que experimentamos debido a la saturación de información, a la falta de conexión con nuestro entorno, al agotamiento, al sentido de urgencia y la presión.

Imagina intentar armar un rompecabezas sin una imagen de referencia clara. A lo mejor avanzas con el marco perimetral pero no más. Nos encontramos en la oscuridad, sin saber qué esperar o cómo avanzar. Del mismo modo, para desarrollar una idea, necesitamos una guía, una imagen de referencia que nos oriente.

Estar alerta a los estímulos relacionados nos permite identificar piezas clave que se sumarán al panorama general, como cada una de las piezas de ese rompecabezas. Buscamos que estos estímulos se conecten entre sí y con nuestra referencia, creando así un camino lógico y coherente. Solo entonces, cada estímulo adquiere sentido y contribuye al desarrollo de nuestra idea. ¿Dónde encontramos estos estímulos? Por lo general, aparecen fuera de nuestra zona de confort, desafiándonos a explorar nuevos territorios y perspectivas.

9 hacks para desbloquear tu creatividad en momentos de caos:

1. **Cambia de entorno:** Sal de tu entorno habitual y busca inspiración en lugares nuevos. Un cambio de paisaje puede

estimular tu creatividad y ofrecerte nuevas perspectivas.

2. **Establece diferentes enfoques:** Invita a personas con otras perspectivas y enfoques a colaborar en proyectos. Conversar con personas cercanas te pueden aportar nuevos puntos de vista. Acercarte a mentores te pueden llenar de inspiración.

3. **Alerta tus sentidos a través del arte:** Empápate del arte, la naturaleza y aventúrate en nuevos escenarios. La diversidad de ideas puede conducir a soluciones innovadoras.

4. **Practica el pensamiento lateral:** Aborda los problemas desde ángulos inesperados y busca soluciones fuera de lo convencional. Esto puede abrir nuevas posibilidades y desbloquear la creatividad.

5. **Fomenta el juego:** Introduce actividades lúdicas en tu rutina diaria para estimular tu creatividad. El juego puede ayudar a despejar la mente y fomentar la exploración. Interactúa con niños e inspírate con su gran imaginación.

6. **Escucha música:** La música puede ser una fuente poderosa de inspiración y creatividad. Escuchar diferentes géneros musicales puede estimular tu imaginación y ayudarte a pensar de forma innovadora (particularmente tomo mis reservas con

el *reggaeton* y si a ti te gusta, por favor, no avientes ni abandones esta lectura).

7. **Mantén un diario de ideas:** Lleva un diario donde puedas anotar tus pensamientos, ideas y observaciones. Esto puede ayudarte a capturar inspiración en el momento y desarrollarla más adelante.

8. **Toma descansos regulares:** Programa descansos regulares durante tu día de trabajo para recargar energías y permitir que tu mente se relaje. Los descansos pueden mejorar la claridad mental y la creatividad.

9. **Explora nuevas habilidades:** Aprende algo nuevo que te desafíe y estimule tu creatividad. Ya sea aprender un nuevo idioma, instrumento musical o técnica artística, la exploración de nuevas habilidades puede abrir tu mente a nuevas ideas e inspiraciones.

2.4 GESTIÓN DEL TIEMPO Y PRIORIDADES

Tú lo sabes, yo lo sé. El tiempo se ha convertido en un recurso difícil de controlar. Con las demandas de trabajo, familia, estudios y otros compromisos, a menudo nos encontramos luchando contra el reloj para equilibrar todas nuestras responsabilidades. La gestión del tiempo se vuelve, entonces, una habilidad indispensable para navegar por las complejidades del día a día.

Un requisito que tratamos de priorizar, es la importancia del equilibrio entre el trabajo y la vida personal, recordando que la gestión del tiempo no se trata solo de aumentar la productividad, sino también de mejorar nuestra calidad de vida en general.

2.4.1 ESTRATEGIAS PARA UNA GESTIÓN EFICAZ DEL TIEMPO Y ESTABLECIMIENTO DE PRIORIDADES

> La identificación y priorización de tareas son habilidades esenciales para una gestión efectiva del tiempo y el enfoque dirigido a donde más importa.

Al comprender qué tareas son más relevantes y urgentes, podemos optimizar nuestra productividad y alcanzar nuestros objetivos de manera más eficiente. Aquí te presento algunos consejos para desarrollar estas habilidades:

1. **Reúne tus acciones pendientes:** Antes de comenzar a trabajar, crea una lista de todas las tareas que debes abordar. Divide las tareas más grandes en subtareas para evitar la sobresaturación. Esta lista te dará una visión completa de lo que necesitas hacer y te ayudará a priorizar.

2. **Agrega información relevante:** Junto a cada tarea, incluye detalles como el tiempo estimado para completarla, su nivel de importancia y urgencia. Esto te permitirá evaluar mejor qué tareas requieren atención inmediata y cuáles pueden esperar.

3. **Lleva una agenda:** ¿Cómo podemos lograr que algo que deseamos que suceda, realmente pase? Creando el espacio apropiado en nuestra agenda y no esperando a que encontremos un "huequito" para meterlo ahí. Clasifica tus actividades por género y asigna colores. Particularmente amo las agendas en papel donde puedes observar toda la semana al mismo tiempo. Yo soy sumamente visual, así que esta clasificación me permite entender de un solo vistazo el balance en la distribución

de mi tiempo y tareas. Mi agenda también me permite llevar un récord entre la actividad realizada y eso me ayuda a reasignar nuevo espacio. Lo que no está en la agenda, no existe, ¿te hace sentido?

4. **Adopta un método de priorización de tiempo y actividades:**

Existen muchas valiosas herramientas para la gestión adecuada del tiempo. Te comparto tres de mis favoritas y te invito a conocer más de ellas a través de los links que adjunto.

   a. **Matriz de Eisenhower[3]:** Clasifica las tareas en cuatro cuadrantes según su urgencia e importancia. Prioriza las tareas importantes y urgentes primero.

   b. **Método ABC[4]:** Asigna letras (A, B, C) a tus tareas según su prioridad. Las A son las más importantes, las B son secundarias y las C son opcionales.

   c. **Principio de Pareto (80/20)[5]:** Identifica el 20% de las tareas que aportan el 80% de los resultados y concéntrate en ellas.

---

3 https://blog.hubspot.es/sales/matriz-eisenhower

4 https://www.ionos.mx/startupguide/gestion metodo-abc/?ssp=1&setlang=es-mx&cc=MX&safesearch=moderate

5 https://asana.com/es/resources/pareto-principle-80-20-rule?ssp=1&setlang=es-mx&cc=MX&safesearch=moderate

5. **Establece plazos y fechas límite:** Asigna fechas de entrega a tus tareas. Esto te ayudará a evitar la procrastinación y a mantener el enfoque en lo que realmente importa.
6. **Revisa y ajusta regularmente:** A medida que avanzas, revisa tu lista de tareas y ajusta las prioridades según las circunstancias. No temas reorganizar o eliminar tareas si es necesario.

En resumen, la identificación y priorización de tareas te permiten trabajar de manera más eficiente, cumplir con los plazos y mantener el equilibrio entre urgencia e importancia.

2.4.2 ¿CÓMO MANTENER EL ENFOQUE INCLUSO EN LAS SITUACIONES MÁS CAÓTICAS?

Yo admiro a la gerente de la sucursal de banco donde llevo mis cuentas. La verdad, no sé como le hace para atender simultáneamente a varios clientes molestos, sus colegas haciendo preguntas e interrumpiendo, tomando llamadas telefónicas, lidiando con que "se cayó el sistema" y con algunos de los muchos protocolos irracionales del banco y políticas absurdas que tiene que aplicar. Cuando me toca esperar, antes de perder la paciencia, trato de empatizar con ella. La veo como una profesional diligente, con sus zapatos de tacón muy altos, caminando a toda velocidad por la sucursal, paciente y con una sonrisa. A pesar de todas las situaciones simultáneas con las que debe lidiar, también está preparando reportes y espera pacientemente la hora de cierre para dejar de atender clientes e iniciar con la gestión de sus propias tareas. Dudo que yo pudiera tener esa tolerancia, paciencia y ánimo. Eso no exonera mi malestar y rechazo a asistir a mi banco a realizar cualquier burocrático y tortuoso trámite. Pero tampoco resta mi admiración y respeto a su desempeño.

Anteriormente, yo me sentía orgullosa por mi capacidad de hacer varias tareas de manera simultánea, habilidad también llamada multitasking. Actuar de esta forma me hacía sentir que era percibida como un ejemplo de fortaleza y eficiencia en la gestión de las exigencias laborales, familiares y sociales. Todo tiene consecuencias, y en este caso han sido estrés y la sensación de agobio al crear un sentido de urgencia constante y presión por el tiempo. Afortunadamente, he redirigido el rumbo entendiendo que hay maneras más eficientes y sanas de enfrentar mis responsabilidades.

El multitasking, una práctica común desde hace varias décadas, se ha vuelto cada vez más cuestionado por sus efectos negativos en la calidad del trabajo, la productividad y la salud mental. También se ha asociado a la capacidad de las mujeres de hacer muchas cosas al mismo tiempo. ¿cuántas nos hemos sentido orgullosas de ello? Aunque inicialmente puede parecer una forma eficiente de abordar múltiples responsabilidades, es bien sabido que dividir nuestra atención entre varias tareas puede llevar a una disminución en la calidad del trabajo realizado. Además, Esto puede tener un impacto negativo en nuestra salud mental y nuestra capacidad para concentrarnos en una sola tarea durante períodos prolongados. En última instancia, limitar el multitasking y enfocarse en una tarea a la vez puede conducir a resultados más óptimos y un mejor equilibrio entre trabajo y vida personal.

> Mantener el enfoque y la concentración en medio de las distracciones es fundamental para fortalecer la productividad y alcanzar nuestros objetivos.

Aquí hay algunas estrategias que pueden ser de utilidad:

1. **Reconoce las distracciones:** Sé consciente de las cosas que te distraen. Identifica los factores externos como el teléfono o las redes sociales y los factores internos

como la fatiga mental, que podrían afectar tu concentración. Evita exponerte a estos distractores en tus momentos asignados a la productividad.

2. **Establece un plan:** Antes de comenzar una tarea, define lo que debes lograr. Anota las tareas importantes para el día, priorízalas, si son muy grandes, divídelas en fracciones más pequeñas.

3. **Crea un entorno adecuado:** Busca un lugar tranquilo para trabajar. Elimina distracciones visuales y auditivas. Asegúrate de estar en un lugar cómodo y bien iluminado.

4. **Apaga las notificaciones:** Las alertas de tu teléfono o computadora pueden interrumpir tu concentración. Desactiva las notificaciones y establece horarios específicos para revisar mensajes y correos electrónicos. Programa espacios sin acceso a dispositivos ni pantallas.

5. **Practica la atención plena:** La meditación y la respiración consciente pueden ayudarte a entrenar tu mente para mantener el enfoque.

6. **Descansa y recompénsate:** Programa pausas regulares para descansar. Establece metas pequeñas y, al alcanzarlas, date una recompensa.

La dinámica del mundo actual nos arrastra a ir más rápido, por lo que es valioso recordar que está bien hacer pausas y tomarse un tiempo. Regálate la oportunidad de ser flexible y adaptarte a las circunstancias bailando con los imprevistos y descubriendo el esplendor en la incertidumbre. Abraza la aventura de la vida con toda su magia y energía renovadora.

DESBLOQUEANDO LA ABUNDANCIA INTERIOR

"La verdadera abundancia no se basa en nuestro patrimonio, sino en nuestra autoestima"

Gabrielle Bernstein.

No fui criada en un ambiente donde se discutiera mucho sobre la diferencia entre vivir con mentalidad de escasez o de abundancia. Esos temas simplemente no estaban en el menú de conversación en casa. Me habría encantado haberlos conocido desde pequeña, durante mis años de estudiante, al inicio de mi carrera profesional, al inicio de mi matrimonio, al decidir la educación de nuestros hijos, e incluso al tomar decisiones importantes en mi empresa. Fue hasta hace poco que me encontré con los conceptos de abundancia y de escasez en seminarios, blogs, podcasts y algunos libros. Esta idea me llamó la atención porque era algo en lo que nunca había profundizado conscientemente, a pesar de su impacto en todos los aspectos de nuestras vidas, desde el trabajo hasta nuestras relaciones personales y, por supuesto, nuestra situación económica. Me di cuenta de que había estado adoptando una mentalidad de escasez en lugar de una mentalidad de abundancia, sin siquiera ser consciente de ello. Este cambio de perspectiva no solo afectaba a mi propia vida, sino también a las personas que me rodeaban. Fue una verdadera epifanía darme cuenta de que podía cambiar esa mentalidad y, como resultado, mejorar las consecuencias que se derivaban de ella. Fue como encender una luz en una habitación oscura.

Resulta que la forma en que enfrentamos y percibimos el mundo todos los días tiene un impacto directo en sí, nos identificamos más con el equipo de "tengo de sobra" o con el de "me quedo siempre sin nada". ¡Vaya revelación!

Al empezar a analizarlo, caí en cuenta de algo interesante: de niños vamos absorbiendo de manera inconsciente ese concepto, ya sea en casa, en la escuela o en nuestro círculo social.

La diferencia entre tener una mente de "todo es limitado" y una de "hay suficiente para todos" la explica muy bien Stephen Covey en su libro "Los siete hábitos de la gente altamente efectiva" Él plantea que la gente con mentalidad de escasez, piensa que lo que el mundo nos ofrece es finito, es decir que para que me toque una rebanada más grande del pastel, debo quitársela a alguien más, y también que para que nosotros ganemos a alguien más tiene que perder. En contraste, la mentalidad de abundancia sostiene que hay suficiente para todos y que podemos obtener lo que necesitamos sin privar a otros de lo suyo.

> Cuando tienes mentalidad de abundancia, puedes entender el éxito como algo que beneficia a todos los involucrados. Reconoces la existencia de oportunidades ilimitadas para el crecimiento y desarrollo personal tuyo y de los demás.

Valoras la diversidad y aprecias la idea de que existen diferentes maneras de abordar las situaciones, todas válidas. Hice un ejercicio personal donde enlisté a las personas a mi alrededor que tienen una mentalidad de abundancia. Fue revelador descubrir las actitudes ganadoras y un desafío inspirador al tratar de replicarlas. ¿Quiénes son tus personas cercanas de abundancia?

En contraste, con la mentalidad de escasez podrías ver el éxito como algo que se logra a expensas de los demás. En este enfoque, el éxito de amigos, familiares o conocidos puede generar envidia y sentimientos de amenaza. Además, no se siente cómodo compartir el reconocimiento o los beneficios de los proyectos. La diversidad es rechazada, ya que las ideas diferentes se perciben como un gran riesgo. Este enfoque genera sentimientos negativos y puede obstaculizar el camino hacia el éxito personal. La mentalidad de escasez va acompañada de miedo, de reserva, de la queja, de desconfianza y de exceso de prudencia. Ejemplos de estas acciones son: acumular cosas y recursos sin necesidad real, mostrar resistencia a compartir conocimientos o recursos, actuar desde el miedo a perder lo que se tiene, enfocarse en competir y en la comparación constante con los demás, vivir en la limitación, entre otras cosas que profundizaremos más adelante.

3.1 REFLEXIONES SOBRE EL CONCEPTO DE ABUNDANCIA Y SU IMPORTANCIA EN LA VIDA

Pero, ¿qué es entonces la abundancia?

> La abundancia es una actitud, no es simplemente tener mucho dinero en tu cuenta bancaria. Se trata de sentirnos plenos y satisfechos en todas las áreas de nuestra vida: en nuestras relaciones, en nuestro trabajo, en nuestra salud y en nuestras experiencias. Es tener suficiente amor, alegría, tiempo, recursos y oportunidades para disfrutar y compartir con los demás.

La abundancia es vivir en un estado de gratitud y apreciación por todo lo que tenemos, reconociendo que siempre hay suficiente para todos y que merecemos lo mejor en cada aspecto de nuestras vidas.

La abundancia también es la tranquilidad de saber con certeza que, pase lo que pase, siempre tendrás lo que necesitas.

La abundancia se asemeja al universo porque ambas son energía, ya que están en constante movimiento y crecimiento. Esta energía nos impulsa hacia adelante y nos conecta con un flujo interminable de oportunidades y recursos.

La abundancia se asemeja al agua[6], ya que sustenta la vida en la Tierra. Al igual que los ríos que fluyen, existen corrientes de abundancia a tu disposición para nutrir tu crecimiento y desarrollo personal. Tanto el agua como la abundancia son formas de energía, como anteriormente comentamos, ya que siguen las mismas leyes físicas.

Al igual que el agua, toda la riqueza y abundancia ya existen; no podemos crearla, solo podemos permitir que fluya en nuestras vidas. Si pensamos en la abundancia como un río, debemos asegurarnos de que fluya con energía constante, evitando que se contamine, se estanque o se evapore. Un "estanque aislado de dinero" siempre terminará en escasez.

---

6   Algunas de estas ideas tienen referencia en información generada por Esther Garcés: https://esthergarces.com/

Para mantener nuestro río de abundancia caudaloso y evitar periodos de sequía, es crucial seguir estos principios importantes:

1. Diversifica tus fuentes: Al igual que un río que depende de varios afluentes, nuestra abundancia debe provenir de diversas fuentes para evitar la dependencia de una sola. Esto nos brinda seguridad y estabilidad frente a posibles crisis económicas.

2. Controla las salidas: Para mantener el caudal de abundancia constante, necesitamos que haya salidas controladas. Estas salidas deben generar un valor que supere la inversión realizada, contribuyendo así al crecimiento continuo del río de la abundancia.

3. Supera el miedo a la escasez: Lo que realmente bloquea y seca nuestros ríos de abundancia no son las salidas controladas, sino el miedo a la escasez. El intentar acumular algo por temor a perderlo, crea un ciclo de carencia que impide que la abundancia fluya libremente en nuestras vidas. El agua estancada es propensa a la acumulación de contaminantes representando un riesgo.

4. Disfruta la entrada de beneficios (el dinero entre ellos, por ejemplo) pero también la salida: Un aspecto crucial para garantizar que nuestro flujo de abundancia sea constante es siempre sentirnos bien, felices y agradecidos cuando recibimos algo o

realizamos una compra. Si, por alguna razón, al comprar u obtener algo que te gusta te sientes mal o culpable, es mejor abstenerse de comprar o recibirlo.

5. **Practica la gratitud:** La gratitud actúa como un imán para la abundancia porque cambia nuestra percepción hacia lo que ya tenemos en lugar de enfocarse en lo que nos falta. Cuando estamos verdaderamente agradecidos por lo que tenemos en nuestras vidas, emitimos una energía positiva y de apreciación hacia el universo. Esta energía positiva atrae más cosas por las cuales sentirnos agradecidos, creando así un ciclo de abundancia continua. Además, la gratitud nos hace más conscientes de las oportunidades y bendiciones que nos rodean, lo que nos motiva a aprovecharlas al máximo y atraer aún más abundancia en nuestras vidas.

> La abundancia también es vibración y es determinada por la forma en que la piensas y sientes, lo que a su vez atraerá abundancia o escasez a tu vida.

Cada pensamiento, creencia y emoción emite una frecuencia vibratoria única. Solo atraerás a tu vida personas y experiencias que estén en sintonía con tu frecuencia vibratoria, mientras que rechazarás todo lo que no lo esté alineado con esa frecuencia.

Las frecuencias vibratorias más bajas representan una energía limitada, lo que resulta en la manifestación de la escasez en nuestras vidas. Por otro lado, cuando nuestra frecuencia vibratoria es elevada, atraemos corrientes energéticas poderosas que alimentan nuestro flujo de abundancia. ¿Cómo podemos reconocer la vibración de la abundancia?

Nuestras emociones actúan como indicadores de nuestra frecuencia vibratoria. El miedo, la vergüenza y la culpa, al tener las frecuencias más bajas, están vinculados al estancamiento energético y la escasez. Por el contrario, las emociones que nos elevan, como la alegría, el agradecimiento y el amor, vibran en frecuencias más altas, lo que se traduce en un aumento de la energía y la manifestación de abundancia en todas las áreas de nuestra vida.

La conexión entre nuestras emociones y la frecuencia vibratoria ha sido recientemente estudiada y documentada en diversas publicaciones[7]

---

[7] Si quieres conocer más sobre las vibraciones:

https://bienyfeliz.com/frecuencias-vibratorias-mito-o-realidad/?ssp=1&setlang=es-mx&cc=MX&safesearch=moderate

https://carolinacaceres.com/frecuencia-emociones-vibracion-conciencia-hawkins/?ssp=1&setlang=es-mx&cc=MX&safesearch=moderate

https://scielo.isciii.es/pdf/nh/v32n5/10revision08.pdf?ssp=1&setlang=es-mx&cc=MX&safesearch=moderate

que detallan cómo diferentes emociones están asociadas con diversos niveles de energía. Por lo tanto, al elevar nuestras emociones hacia aquellas que vibran en frecuencias más altas, podemos alinear nuestra energía con la abundancia y permitir que fluya en nuestras vidas de manera más abundante y fluida.

Nuestras vibraciones afectan nuestra experiencia de vida. La pregunta importante es: ¿Cuánto tiempo pasamos vibrando en abundancia, es decir, disfrutando, expresando gratitud y siendo felices? Por otro lado, ¿cuánto tiempo dedicamos a atraer escasez, al sentirnos enfadados, quejándonos y haciendo cosas por obligación en lugar de por placer? Reflexionar sobre esto nos ayuda a comprender cómo podemos alinear nuestras energías con la abundancia que deseamos.

Siguiendo estos principios, podemos desbloquear nuestro potencial de abundancia y permitir que fluya con energía constante en todas las áreas de nuestras vidas.

3.2 TÉCNICAS PARA IDENTIFICAR Y SUPERAR BLOQUEOS MENTALES Y EMOCIONALES QUE LIMITAN LA ABUNDANCIA

Si hubiera entendido lo que sé ahora sobre la abundancia, me habría ahorrado mucho esfuerzo, tiempo y un mal manejo del dinero.

He pasado años buscando la abundancia en otros lados, sobre todo enfocada en pensar que tener una situación económica estable sería la llave de mi éxito, de la plenitud y la abundancia. Me esforcé sin descanso, inscribiéndome a muchos seminarios, leyendo cada libro del tema que se aparecía frente a mí y siguiendo los consejos de muchos expertos. A pesar de seguir al pie de la letra sus recomendaciones, me encontraba lejos de mi objetivo. Pude haberme ahorrado las incontables horas de trabajo y esfuerzo, y puede haber evitado erosionar mi inseguridad y desconfianza en mí misma.

Hoy reconozco que, sin importar cuánto trabaje o me esfuerce, la abundancia solo vendrá a mí cuando mis creencias y acciones están alineadas para recibirla.

¿Me considero una persona abundante? Mmmmm, no soy un producto terminado aún. Estoy en proceso de desarrollo y crecimiento, por lo que reconozco que avanzo cada día, y quiero compartir contigo esta emocionante evolución. Me siento algo desconectada cuando leo o escucho a algunos "expertos, gurús o coaches que hablan sobre la abundancia como una meta fácil de alcanzar, con cierto grado de desapego para revelar el camino secreto y compartir sus pistas, observándonos desde el Olimpo. No es lo mío.

Prefiero rodearme de ideas, personas y experiencias que entiendan que la verdadera abundancia es un viaje de crecimiento constante, lleno de altibajos, aprendizajes y momentos de conexión genuina. No me identifico con la idea de la abundancia como un estado de perfección, sino más bien como un camino en el que celebramos nuestros logros y aprendemos de nuestros desafíos, en constante evolución.

En el flujo constante de dar y recibir, descubrimos que la verdadera abundancia no se mide por lo que tenemos, sino por lo que estamos dispuestos a compartir. Cuando damos con amor y generosidad, sembramos semillas de abundancia que florecen en la gratitud de aquellos que reciben y en la alegría de nuestros propios corazones.

El otro gran enemigo de la abundancia es la queja. ¿Te has dado cuenta de que los quejosos no se asumen como tales? ¿Con qué frecuencia te quejas durante el día? Cuando estás quejándote, pones tu atención, tu foco y tu energía en aquello de lo que hablas, programando tu mente para verlo, y buscando condicionales alrededor que fortalezcan tu punto y demostrar que tienes razón, no solo ante los demás, sino ante ti misma. Tu mente busca congruencia con tus propias ideas.

Si te quejas en el trabajo perderás oportunidades de crecimiento profesional.

Si te quejas en las relaciones personales, dañarás tus relaciones perdiendo conexiones importantes y tiempo de calidad.

Si te quejas en la salud te enfocarás en lo negativo impidiéndote ver las oportunidades para mejorar tu salud y bienestar.

Si te quejas en las finanzas ante la falta de dinero, pones tu atención lejos de la búsqueda de estrategas para mejorar tus finanzas.

Si te quejas en el tiempo libre perderás la oportunidad de disfrutar y relajarte.

La queja es el adversario silencioso de la abundancia; eliminarla es liberar espacio para la prosperidad y la plenitud.

Te comparto 9 valiosas propuestas para eliminar la mentalidad de escasez:

1. **Enfócate en lo que tienes:** Si tienes en mente cambiar de carrera o de trabajo, ¿eres de los que piensa, pero "hay mucha competencia" o "no hay suficiente campo de trabajo"?

Esas son ideas basadas en lo que no tienes y una mentalidad de escasez ve limitaciones en lugar de oportunidades.

2. **Rodéate de gente con mentalidad de abundancia:** Rodéate de personas con una mentalidad de abundancia para mejorar tu bienestar. Observa cuidadosamente cómo manejan la escasez y la abundancia quienes te rodean. Explora nuevas ideas a través de lecturas, podcasts y mentores y busca agregar a tu círculo social personas que se alineen con tu nuevo enfoque. Al mismo tiempo, cultiva relaciones significativas con aquellos que compartan una actitud positiva y estén comprometidos con el crecimiento personal. Estas conexiones no solo te brindarán apoyo emocional, sino que también fortalecerán tu sensación de pertenencia y satisfacción en la vida. Es importante mejorar tu entorno sin necesidad de cortar lazos con tus seres queridos, incluso si su mentalidad difiere de la tuya.

3. **Incorpora la gratitud a tu cotidianidad:** Practicar la gratitud es uno de los métodos más reconocidos para mejorar el bienestar general, incluso se han hecho estudios para investigar este tema y se ha encontrado que la gratitud mejora el bienestar físico, mental y nos ayuda a sentirnos más felices. Una excelente práctica en este sentido es escribir todos los días cinco cosas por las que te

sientes agradecida. Toma nota y descubre que hasta las cosas más pequeñas y aparentemente insignificantes son las que te hacen muy feliz y abundante.

4. **Entrena tu mente para ver las posibilidades, no los límites:** Una mentalidad de abundancia te permite ver más en tu vida: más opciones, más recursos. Si te dices a ti misma "no puedo hacerlo" o "es imposible", cualquier otro pensamiento que te contradiga será descartado. Lo mejor es que empieces a entrenar tu mente para dejar atrás algún enfoque negativo y en su lugar crear una conciencia expandida de lo bueno que podría suceder. Te adelanto que tomar consciencia y actuar es un proceso que requiere ir avanzando poco a poco.

5. **No hagas del dinero tu identidad:** Es importante establecer una relación sana con el dinero, reconociéndolo como una herramienta indispensable para construir un futuro financiero sólido. Sin embargo, es crucial recordar que nuestra valía como personas va más allá de nuestras perspectivas económicas. Que tus finanzas no se vean bien no quiere decir que seas un fracaso y tener una gran cuenta bancaria tampoco te convierte en "alguien importante". Tu identidad va mucho más allá del dinero, necesitas ser consciente de ello para no autocolocarte en un estado de vulnerabilidad. Todo debe estar en equilibrio.

6. **No quieras todo gratis:** Me encantan las cosas gratis y me enorgullece hacer estrategias para aprovechar todos los beneficios, los descuentos y promociones a los que puedo acceder, por supuesto, dentro de los límites de la ética. Recibir todas estas ventajas no nos debe limitar a pagar lo justo por los bienes, el trabajo y el servicio que ofrecen los demás, permitiéndonos valorar su esfuerzo y dedicación. El dinero tiene una energía circular, así que también habrá quien pague por nuestros productos, servicios y contribuciones al mundo.

7. **Aprende a decir que NO:** Dilo cuando sea necesario y establece límites saludables en tu vida personal y profesional. Esto te ayudará a mantener el equilibrio entre tus diferentes responsabilidades y a evitar el agotamiento.

8. **Cuida tu bienestar:** Dedica tiempo a cuidar tu salud física, mental y emocional. Esto incluye hacer ejercicio regularmente, alimentarte adecuadamente, practicar técnicas de manejo del estrés, y asegurarte de tener suficiente tiempo para descansar y relajarte.

9. **Mantén una mentalidad de crecimiento:** Adopta una mentalidad de crecimiento en la que veas los desafíos como oportunidades para aprender y crecer. Esto te ayudará a mantener una actitud positiva y a superar cualquier obstáculo que se interponga en tu camino hacia la abundancia y el éxito a largo plazo.

Cuando leí "Hábitos Atómicos" de James Clear, la idea central que me impactó fue la de cambiar la identidad en lugar de perseguir una meta. Básicamente, él sugiere que en lugar de centrarnos únicamente en alcanzar un objetivo específico, deberíamos concentrarnos en adoptar la identidad de la persona que ya ha logrado ese objetivo. Es decir, en lugar de decir "quiero ser más saludable", deberíamos adoptar la identidad de alguien que ya es saludable, lo que naturalmente nos llevará a tomar las acciones necesarias para mantenernos en esa condición. Esta idea transforma completamente nuestra mentalidad y enfoque hacia el cambio de hábitos. Si aplicamos este concepto a la abundancia, implica buscar convertirnos en personas con mentalidad de abundancia y actuar desde esa perspectiva en lugar de simplemente esperar que la abundancia llegue a nosotros.

3.2.1 EL SIGNIFICADO OCULTO DE LAS DEUDAS

En el tejido de la vida cotidiana, las deudas se entrelazan con nuestras emociones y decisiones. La decisiones que tomamos son los hilos que conectan con nuestros anhelos, miedos y aspiraciones. ¿Por qué nos endeudamos? ¿Qué oscuros pasadizos nos llevan a firmar contratos y deslizar tarjetas? Seguramente habrás compartido conmigo alguna vez que las deudas pesan más en el alma que en la billetera.

> No siempre las deudas tienen que ver con el dinero.

Algunas razones emocionales de trasfondo por las que nos endeudamos son:

1. **Necesidad de Validación o Autoestima:** Gastar dinero puede ser una forma de buscar validación o elevar la autoestima. Comprar cosas caras o mantener un estilo de vida ostentoso puede ser una manera de sentirte aceptada o admirada por los demás, aunque esto signifique endeudarse.

2. **Evitar el Dolor Emocional:** Las deudas pueden ser una forma de distraerse o evitar enfrentar dolor emocional o algún problema como una vía de escape temporal.

3. **Rebelión o Independencia:** Contraer deudas puede ser una forma de rebelarse contra las expectativas familiares o sociales, especialmente si se siente presión para seguir un camino determinado en la vida afirmando independencia.

4. **Carencia Emocional:** El acto de comprar cosas nuevas puede llenar temporalmente algún vacío. La búsqueda constante de

la próxima compra puede convertirse en una adicción emocional que lleva a la acumulación de deudas.

5. **Creencias Limitantes o Patrones Familiares:** Las actitudes hacia el dinero y las deudas pueden estar influenciadas por patrones familiares o creencias arraigadas desde la infancia. Si has crecido en un entorno donde las deudas eran comunes o se asociaban con el éxito, es probable que se reproduzcan esos mismos comportamientos sin cuestionarlos. Si empiezas a tener dinero, podrías mantener lealtades ocultas con tus padres, familiares o pareja que te impidan cruzar la barrera manteniendo tu lealtad. También una deuda podría ser la representación material de los reclamos que le haces a uns er querido. Una deuda podría ser ese lazo emocional que te une a esa persona.

Abordar estas razones emocionales subyacentes puede ser crucial para superar las deudas de manera efectiva y construir una relación más saludable con el dinero. Atender tus deudas puede requerir también no solo pagarlas sino procesar un acto de reconciliación contigo y con tus seres queridos relacionándote con tus finanzas de un modo sano y diferente. Nuestro nivel de conciencia es el contenedor para aquello que somos capaces de recibir.

3.3 SISTEMA RETICULAR ACTIVADOR

Seguramente habrás notado que al elegir Cancún como destino vacacional, de repente comienzas a recibir una avalancha de información relacionada con ese lugar, incluso más allá de la sensación evidente de que el internet y las redes sociales están "casualmente" sintonizadas con tus intereses.

Si te compras un determinado auto rojo, empiezas a ver por la calle ese modelo y de ese color en cada semáforo. Si te embarazas, o alguien cercano a ti está esperando un bebé, por todos lados aparecen embarazadas y cosas relacionadas con bebés. Si tú o alguien a tu alrededor anda con muletas, te enteras de muchos que están en las mismas circunstancias. Así podría seguir reseñando ejemplos.

> Este fenómeno es resultado del sistema reticular activador (SRA), un proceso cerebral que filtra y prioriza la información que llega a través de nuestros sentidos.

Su función es mantenernos alerta y conscientes de nuestro entorno, así como regular nuestra memoria, motivación y metas. Gracias a este mecanismo, podemos dirigir nuestra atención hacia lo que consideramos relevante, bloqueando para tu interés lo que no lo es.

Este sistema actúa como un radar donde visualizas el objetivo y tu mente enfoca y dirige tu atención filtrando solo lo programado. ¡Incluso si no lo deseas! Cómo cuando no puedes sacar de tu mente una canción.

Me llegan a la mente entonces estas preguntas: ¿Quién le dicta a mi cerebro qué es lo que verdaderamente importa para mí? ¿Mi mente consciente o subconsciente? ¿Mis deseos o mis creencias? ¿Qué pasa si algunas de mis acciones están guiadas por mis creencias negativas o limitantes? ¿Cómo puedo hacer para que mi mente no me sabotee?

Lo que es importante para nosotros depende de nuestros valores, creencias, metas y experiencias. Nuestro cerebro recibe constantemente información de nuestros sentidos, pero no puede procesarla por completo y al mismo tiempo. Es por eso que el cerebro filtra y selecciona información enfocando lo que él cree que es relevante para nosotros, influenciado por nuestro subconsciente que almacena recuerdos, emociones y hábitos. Tú no ves el mundo como es, tú ves el mundo como crees que es, basado en lo que tú misma te has dicho.

Vives y te comportas según lo que consideras normal. Tu normalidad. Si crees que:

- tener deudas es algo común
- vivir con estrés es inevitable, que la felicidad depende de circunstancias externas, como el dinero o el reconocimiento social
- las críticas de los demás definen nuestro valor personal
- los demás te juzgan constantemente y a cada paso que das

Esas serán las ideas predominantes de referencia en tu mente. Esas imágenes serán las de la tapa de la caja del rompecabezas que tu mente subconsciente usará como referencia para construir lo que tú le has programado que deseas.

> La mente es una máquina de encontrar significados y si no le das la información adecuada, interpretará lo que pueda con lo que tiene, siempre con la ley del mínimo esfuerzo, blindándote para que no te expongas, te arriesgues ni salgas de tu zona de confort. Muy guardadita, sin lograr ¡NADA!

Nosotros podemos darle la instrucción a nuestro cerebro que ponga atención en lo que deseamos y queremos. Recuerda que en lo que te enfocas, se expande.

Si dedicas una hora diaria a fortalecer los músculos de tus brazos, en seis meses notarás el crecimiento de tus bíceps y tríceps. ¿Qué pasa entonces cuando te enfocas en tus problemas?

3.4 EL TERMOSTATO

Un termostato es un dispositivo que sirve para controlar la temperatura de una habitación. Imagina tener un ventilador que refresca cuando hace calor y un calentador para cuando hace frío. Sería molesto ajustarlos constantemente, ¿verdad? En un sistema de climatización, el termostato lo hace por ti. Mide la temperatura y la compara con tu preferencia. Si es más alta, apaga el calentador y enciende el ventilador; si es más baja, hace lo contrario. Así, mantiene la temperatura de la habitación constante y cómoda en el entorno.

Las metas grabadas en nuestro subconsciente son el punto de referencia que nuestro "termostato mental" utilizará para ajustar nuestros comportamientos, según lo que ella percibe como nuestras preferencias y bienestar. Su sistema de blindaje tiende a evitar riesgos, ya que su objetivo es mantenernos cómodos y seguros.

En realidad, tanto la mente consciente como la subconsciente influyen en lo que consideramos importante. Nuestras creencias y deseos pueden ser determinantes, pero también pueden ser moldeadas por experiencias pasadas y patrones de pensamiento arraigados.

La mente consciente es la que diseña las metas, la mente subconsciente es la que las cumple. Este es el secreto del porqué no podemos cumplir con facilidad todos nuestros propósitos de principio de año o cumplir con lo que nos proponemos. Debemos anclar la meta diseñada por la mente consciente al subconsciente a través de la visualización, el deseo y la acción.

Te comparto algunos ejemplos de situaciones que nos tienen dando vueltas en círculos sin salida:

1. **Alimentación:** ¿Te ha pasado que quieres empezar una dieta, pero parece que algo en tu cabeza te sabotea? Como cuando intentas comer más sano, pero de repente te encuentras picando algo dulce o salado. Es como si tu mente subconsciente estuviera acostumbrada a ciertos alimentos y se resiste al cambio, manteniendo tu peso prácticamente igual.

2. **Manejo del dinero:** A veces sientes que no importa cuánto intentes ahorrar, tus finanzas siempre se mantienen en el mismo punto. Puede ser que te propongas guardar un poco más cada mes, pero siempre terminas gastando lo mismo. Y si recibes un extra, pronto aparece un gasto no programado que te hace regresar al saldo promedio en tu banco. Es como si tu mente subconsciente estuviera cómoda con cierto nivel de dinero y se resistiera a cualquier cambio.

3. **Relaciones de pareja:** ¿Has estado en una relación que sabes que no es del todo buena para ti, pero te cuesta dejarla? A veces, aunque conscientemente quieras algo mejor, tu mente subconsciente prefiere quedarse en

la seguridad de lo conocido, incluso si no te hace completamente feliz.

4. **Carrera profesional:** ¿Te has sentido atrapada en un trabajo que no te llena del todo, pero no sabes por dónde empezar a buscar algo mejor? Puede ser que tu mente subconsciente esté cómoda en la rutina y tenga miedo al cambio, aunque conscientemente desees crecer profesionalmente.

5. **Patrones de ejercicio:** ¿Alguna vez te has propuesto hacer más ejercicio, pero parece que algo siempre te detiene? Quizás te encuentres con que te cuesta mantener la constancia o que siempre encuentras excusas para no ir al gimnasio o salir a correr. Es como si tu mente subconsciente estuviera acostumbrada a cierto nivel de actividad física y se resistiera a cambiar.

6. **Cambios de hábitos:** ¿Te has propuesto dejar un hábito poco saludable, pero te resulta muy difícil? Como cuando intentas dejar de fumar o de comer en exceso, pero parece que algo en tu mente te arrastra de vuelta a esos patrones antiguos. Es como si tu mente subconsciente estuviera aferrada a lo conocido y se resistiera al cambio, aunque conscientemente sepas que es lo mejor para ti.

A menudo nos encontramos atrapadas en ciclos repetitivos de comportamiento debido a la resistencia de nuestra mente subconsciente al cambio, a pesar de nuestro deseo consciente de avanzar. Insisto en repetir este concepto: la mente consciente diseña metas, pero es la mente subconsciente la que las ejecuta, y su tendencia a aferrarse a lo familiar, nos hace retroceder a hábitos conocidos, a "la normalidad".

Sin embargo, al reconocer y desafiar esas creencias negativas, también conocidas como limitantes, podemos comenzar a cambiar la forma en que nuestra mente opera. Anclando nuestras metas en el subconsciente mediante técnicas como la visualización, alineamos nuestras acciones con nuestros objetivos conscientes, permitiendo un progreso real y duradero hacia nuestros objetivos y valores.

Pero aguarda, casi al final de este libro, encontrarás un kit de herramientas donde profundizo sobre las afirmaciones, creencias limitantes y cómo poder lidiar con ellas. Ahí encontrarás más detalles y una lista que te ayudará a identificar creencias que has escuchado o con las que te sientes familiarizada. Te animo a revisarlas, reconocer aquellas que resuenen contigo, analizar su origen y trabajar con ellas.

3.5 TRASPASANDO BARRERAS MENTALES

En nuestro camino hacia ser la mejor versión de nosotras mismas, nos encontraremos con esa marca en el termostato que nos indicará que si la rebasamos, entramos a una zona insegura. Esa advertencia de precaución es una señal de autopreservación natural de que estamos por salir de nuestra zona de confort. ¿Y sabes qué? Te va a dar miedo. Vas a imaginar escenarios catastróficos, pero tendrás que medir el riesgo si quieres crecer y salir adelante, ya que el límite de tu zona de confort es donde comienza tu vida verdaderamente extraordinaria. Es ahí donde podrás descubrir nuevas habilidades y fortalezas que ni siquiera sabías que tenías.

Pero ¡tranqui!, para seguir adelante, primero hay que conocer al enemigo, ¿no? Así que, vamos a echarles un vistazo a esas trampas mentales más comunes que nos boicotean, y después, ¡a superarlas para alcanzar todo nuestro potencial!

1. **Autocrítica excesiva:** La tendencia a juzgarnos de manera negativa puede limitar la confianza y la autoestima.
2. **Miedo al fracaso:** El temor a cometer errores o no estar a la altura puede paralizar y evitar tomar riesgos necesarios para el crecimiento personal.

3. **La zona de confort:** Quedarse atrapada en la zona de confort puede evitar el crecimiento y la exploración de nuevas oportunidades.

4. **Perfeccionismo:** La búsqueda implacable de la perfección puede ser paralizante y dificultar la acción y la toma de decisiones.

5. **Miedo al cambio:** La resistencia al cambio puede evitar la adaptación a nuevas circunstancias y oportunidades de crecimiento.

6. **Miedo a no ser suficiente:** ¿Has escuchado sobre el síndrome del impostor? Este síndrome es solo tu mente subestimando tu propio valor. Se alimenta de la autocrítica y el miedo al fracaso, pero puedes vencerlo reconociendo tus logros y habilidades genuinas.

7. **Creencias limitantes:** Esos pensamientos negativos sobre nosotras mismas, los otros, el mundo o el futuro, que nos restringen oportunidades y nos mantienen con una mentalidad de escasez. ¿Interesada en descubrir cuáles son? Recuerda consultar el kit de herramientas casi al final de este libro.

3.6 LA TRAMPA DE LA COMPARACIÓN: TRANSFORMANDO LA ESCASEZ EN ABUNDANCIA

¿Alguna vez te has encontrado en alguna situación donde tus amigos comparten sus éxitos y logros, y de repente te encuentras reflexionando sobre tu propia vida? Es como si las comparaciones se colaran sigilosamente en la conversación, haciéndote dudar si estás alcanzando tus propias metas o si deberías estar haciendo más. Si esto te resulta familiar, déjame decirte que no estás sola en este sentimiento. Muchas veces nos miramos en el espejo de los demás buscando nuestra propia imagen. ¿Quiénes somos? ¿Qué hemos logrado? La comparación o *comparaoia* como me gusta llamarle, nos da pistas sobre nuestra identidad, aunque a veces es un espejo distorsionado.

Anhelamos la aprobación y el reconocimiento. Cuando vemos a alguien alcanzar una meta a la que nos gustaría llegar nos preguntamos ¿Por qué yo no? La comparación se convierte en un termómetro de nuestra valía.

Muchas veces competimos en una carrera invisible donde vemos que muchos tienen "el pasto[8]

---

8 césped

más verde" olvidando que todos tienen sus propias luchas y cicatrices.

En el mundo de las redes sociales, donde las vidas se muestran a través de filtros y hashtags, el estilo de vida influencer se presenta como un escenario brillante. Las fotos de *brunches* en cafeterías de moda, viajes a destinos exóticos y *outfits* impecables nos hablan al oído: "¿Por qué no eres así?". La comparación se cuela en nuestras mentes, como un visitante no invitado que se sienta en la silla de al lado.

Pero no es solo el *influencer*. Los logros profesionales también nos atrapan en su red. Vemos a colegas ascendiendo la escalera corporativa, recibiendo promociones y reconocimientos. Nos preguntamos: "¿Por qué no avanzo tan rápido?". La comparación se convierte en un juego de números y títulos.

Las pertenencias materiales son otro campo de batalla. El vecino con el último modelo de automóvil, la amiga con la casa espaciosa, el primo con la cartera de diseñador. Nos medimos en metros cuadrados y etiquetas de marca. ¿Quién tiene más? ¿Quién es más exitoso?

Y luego está la apariencia física. Las revistas nos muestran cuerpos esculpidos, rostros sin arrugas y sonrisas perfectas. Nos miramos en el espejo y encontramos imperfecciones. "¿Por qué no soy así de atractiva?", nos preguntamos.

Pero aquí está la verdad: Todos somos protagonistas de nuestra propia historia. Detrás de las fotos en Instagram, los títulos laborales y las posesiones materiales, hay luchas, inseguridades y momentos oscuros. La comparación es como mirar solo la portada de un libro sin leer las páginas interiores. Al navegar por nuestras redes sociales, nos comparamos con aquellos que parecen más exitosos o felices, lo que puede hacer que nos sintamos insuficientes si no alcanzamos esos estándares. Además, las publicaciones carecen frecuentemente de contexto, dificultando la evaluación de su autenticidad y contribuyendo a una percepción distorsionada de la realidad. Tampoco sabemos a ciencia cierta las batallas del colega, ni la realidad sobre las finanzas del vecino o el precio que ha pagado la compañera del *gym* por alcanzar esa musculatura.

3.6.1 COMPARACIONES Y ESCASECES: EL LABERINTO DE LAS ILUSIONES

Cuando nos comparamos con los demás, es normal sentirnos en desventaja. Ponemos nuestra atención en lo que falta en nuestras vidas: no tenemos el trabajo soñado ni la relación perfecta, mucho menos la cuenta bancaria con más efectivo que la fábrica de billetes del *Monopoly*. La escasez se convierte en nuestra narrativa, y nos aferramos a ella como si fuera nuestra única verdad.

En el rincón más profundo de nuestro ser, donde las sombras de la carencia se entrelazan, reside una semilla de transformación: la empatía. Esta semilla, pequeña, pero resiliente, tiene el poder de convertir la escasez en abundancia, como un alquimista que transforma plomo en oro.

La empatía es un lazo invisible que conecta corazones, el arte de comprender desde adentro, de sentir con el alma del otro y caminar a su lado en silenciosa solidaridad. No solo es ponerse en los zapatos del otro, sino que es también caminar sus pasos. Es la capacidad de comprender y compartir las emociones conectando de manera genuina.

> Pero aquí está la revelación: la empatía es la llave que abre la puerta hacia la abundancia.

Cuando somos empáticas con nosotras mismas (sí, también debemos vernos hacia adentro para tratarnos con respeto, cariño y cuidado) y con los demás, cambiamos nuestra perspectiva. Dejamos de ver lo que nos falta y comenzamos a apreciar lo que tenemos.

Te comparto algunos pasos para transformar la escasez en abundancia:

1. **Empatía contigo:**
   - En lugar de criticarnos por nuestras imperfecciones, reconozcamos que todos somos seres en proceso, llenas de cicatrices y belleza.
   - En lugar de lamentar lo que no tenemos, celebremos nuestros logros, por pequeños que sean. Cada paso cuenta.
2. **Empatía con los demás:**
   - En lugar de envidiar los éxitos ajenos, celebremos con ellos. Su alegría no disminuye la nuestra.
   - En lugar de juzgar, tratemos de entender. Todos llevamos nuestras cargas invisibles.
   - Si por arte de magia te ofrecieran cambiar tu vida con la de alguien más, incluyendo lo bueno y lo malo, seguramente lo pensarías dos veces antes de aceptar, porque queremos solo lo bueno del otro sin perder lo bueno que ya tenemos.
3. **La abundancia de la conexión humana:**
   - La empatía y la solidaridad nos conecta. Cuando compartimos nuestras historias de lucha y superación, encontramos un terreno común. La abundancia no está en las posesiones, sino en las relaciones genuinas.

Haz de la empatía tu guía hacia el interior y hacia el exterior. Transforma la escasez en abundancia y descubre la riqueza que reside en lo más profundo del corazón.

3.7 LA LEY DE ATRACCIÓN

Seguramente has escuchado hablar sobre la ley de atracción, ya que se ha convertido en los últimos años en una herramienta popular en el crecimiento personal y en la espiritualidad que sostiene que nuestros pensamientos y emociones influyen en lo que atraemos a nuestras vidas, ya sea positivo o negativo.

Su principio básico se fundamenta en la idea de que todo en el universo está compuesto de energía, incluyendo nuestros pensamientos y emociones, que tienen un impacto en nuestro entorno. Por lo tanto, al emitir energía positiva, atraemos cosas positivas, y viceversa. Napoleon Hill, el reconocido escritor del libro "Piense y hágase rico", popularizó la idea de la "mentalidad positiva" destacando el poder de los pensamientos positivos y la visualización para alcanzar el éxito.

Para algunos detractores, la ley de atracción, parece ser simplemente un disfraz de pensamiento positivo, una especie de placebo para aquellos que buscan una solución fácil sin enfrentar la realidad de los desafíos.

Entiendo la postura escéptica hacia la ley de atracción, especialmente cuando se presenta sin una base científica fundamentada. Sin embargo, si nos alejamos de la idea de que es una fuerza mística y la consideramos como un marco de pensamiento positivo, existen argumentos lógicos que respaldan su utilidad para mejorar la calidad de vida.

Para mí, la ley de atracción es como un imán gigante que atrae la positividad a mi vida. Cuando me concentro en lo bueno y mantengo una mentalidad optimista, parece que las cosas buenas simplemente fluyen hacia mí de forma natural. Es como si estuviera creando mi propia corriente de oportunidades simplemente mediante mis pensamientos y actitudes. Es también como la brújula que me guía hacia mis sueños. Cuando me enfoco en lo que quiero y visualizo mis metas, siento que estoy estableciendo una conexión directa con lo que deseo lograr. Es como si mi energía y mis acciones se alinearan con lo que quiero atraer a mi vida.

3.7 | DESCUBRE TU POTENCIAL: PASOS PRÁCTICOS PARA CONQUISTAR LA LEY DE ATRACCIÓN

Para aplicar la ley de atracción desde un enfoque práctico y positivo, puedes seguir estos pasos:

1. **Define tus objetivos:** Tómate el tiempo necesario para reflexionar sobre tus metas y sueños más profundos. Piensa con claridad sobre lo que quieres lograr.

2. **Elabora un plan de acción:** Establece pequeñas acciones que te acerquen a tus objetivos con plazos concretos. Sigue adelante, incluso cuando enfrentes desafíos. Regularmente, revisa tus metas y ajusta tu enfoque según sea necesario. La flexibilidad es clave en el proceso de manifestación.

3. **Visualización:** Dedica unos minutos cada día para visualizar tus metas como si ya las hubieras logrado. Imagina cómo se sentiría, cómo se vería y cómo afectaría positivamente tu vida. Siente la satisfacción alcanzada. Diseña tu *"vision board"* o tablero de visualización donde definas concretamente qué es aquello que deseas alcanzar específicamente a través de imágenes o de una lista verificable de metas. Muchas personas lo hacen a

principio de cada año o en su cumpleaños, pero yo digo que cualquier día es un buen momento, ya que es el principio del resto de tu vida.

4. **Afirmaciones Positivas[9]:** Es una práctica simple, pero efectiva de reprogramar tu mente, que consiste en utilizar palabras y frases poderosas que refuercen tus creencias en ti misma y en la posibilidad de alcanzar tus metas. Es como construir un puente entre tus pensamientos y tus acciones, creando una autopista de confianza y determinación hacia tus sueños. Uno de los libros que más he disfrutado y releído varias veces es el de "Secretos de la Mente Millonaria" de Harv Ecker. Me pareció muy sensato al afirmar que simplemente repetir afirmaciones sin un cambio de actitud o acciones concretas no produce resultados significativos. Eker enfatiza que la práctica de afirmaciones debe estar respaldada por un cambio genuino en las creencias y seguida de acciones consistentes hacia los objetivos deseados.

5. **Identifica las señales y disfruta el camino:** Consiste en estar alerta a los pequeños detalles y coincidencias que te guían en la dirección correcta. Estas señales pueden

---

9   Al final de ese libro, en la sección de kit de herramientas, encontrarás información complementaria sobre las afirmaciones positivas.

venir en forma de encuentros fortuitos, oportunidades inesperadas o incluso sincronicidades que parecen estar perfectamente alineadas contigo y tus objetivos.

6. **Cultiva creencias positivas y elimina las limitantes:** Implica trabajar activamente en tu mentalidad, cultivando creencias que te fortalezcan y te impulsen hacia tus metas, mientras dejas atrás cualquier pensamiento limitante que pueda obstaculizar tu camino hacia el éxito.

7. **Toma acción:** Este paso es una invitación a salir de tu zona de confort y enfrentarte al mundo con confianza y determinación. No se trata solo de soñar despierta, sino de convertir esos sueños en realidad a través de acciones concretas y consistentes. Cada día da un paso que te lleve a alcanzar las metas que te propusiste.

8. **Agradece y celebra tus logros:** Sigo insistiendo, pero a medida que comienzas a ver tus deseos manifestarse en tu vida, no olvides expresar gratitud por cada logro, por pequeño que sea.

Mantener un equilibrio nos permite navegar por las olas de la vida con gracia, enfrentando tanto la adversidad como la prosperidad con una mente centrada. La abundancia, cuando se entiende correctamente, nos impulsa a compartir, a crecer y a contribuir, en lugar de simplemente acumular.

Pensemos entonces en cómo estos principios no solo hacen que nuestra vida actual sea mejor, sino que también construyen un futuro que todos anhelamos. Este camino no se trata solo de sobrevivir; es como bailar con la vida misma, donde cada movimiento es importante y cada momento nos ofrece la oportunidad de sentirnos en plenitud y equilibrio.

GRATITUD Y GENEROSIDAD COMO PILARES DE LA ABUNDANCIA

"La gratitud abre las puertas de la abundancia, mientras que la generosidad, sostiene su estructura"

Liliana G De la Cueva.

Sabes, a veces caemos en esta trampa de solo enfocarnos en lo que nos falta, ¿verdad? Como si estuviéramos siempre pidiendo más y más. Pero, ¿te has dado cuenta de que cuando solo pensamos en lo que nos hace falta, nos sentimos cada vez más vacías? Es como si nuestra mente se enfocara solo en la carencia.

Sin embargo, la verdadera abundancia no viene de afuera, sino de dentro de nosotras mismas. Porque, al final del día, la verdadera riqueza viene de compartir lo que tenemos con los demás. No hablo solo de posesiones, también de tiempo, atención, cariño, cuidado, empatía, conocimiento, etcétera.

Cuando practicamos la gratitud y nos enfocamos en lo que ya tenemos, no estamos resignándonos a conformarnos con menos. Al contrario, nos convencemos de que tenemos lo suficiente como para ser generosas y compartir con los demás. Esta mentalidad nos empodera para buscar más oportunidades, para crecer y alcanzar nuestras metas. Al reconocer lo que tenemos, no solo apreciamos nuestra situación actual, sino que también nos impulsamos a seguir adelante, a alcanzar nuevos logros y a contribuir aún más al mundo que nos rodea.

Es como si ese acto de generosidad nos permitiera conectarnos con la verdadera esencia de la abundancia. ¿No te parece fascinante cómo funciona nuestra mente en este aspecto? Es como si al cambiar nuestra forma de pensar, pudiéramos transformar nuestra realidad y sentirnos más plenas y satisfechas.

> La gratitud y la generosidad son dos semillas que, al plantarse en el jardín de la vida, florecen en abundancia.

La gratitud es el lenguaje de tu alma; es cuando miras a tu alrededor y descubres que, incluso en los días más nublados, hay destellos de belleza y bondad. Es agradecer por el aire que respiras, por el sol que te calienta y por todas esas personas maravillosas que hacen especial tu viaje por la vida.

La generosidad, por otro lado, es extender una mano amiga, es el gesto de dar sin esperar recibir. Consiste en compartir una sonrisa, ofrecer tu tiempo, tu atención, y a veces, compartir lo que tienes con aquellos que tienen menos. La generosidad no se mide por la cantidad, sino por la intención y el amor que pones en cada gesto.

Al practicar la gratitud, el mundo se transforma. No porque cambien las circunstancias, sino porque cambia la perspectiva. Cuando eres generosa, no solo iluminas la vida de otros, sino que también enciendes una luz en tu propio corazón. La gratitud es un antídoto: el ingrediente secreto que convierte los momentos ordinarios en extraordinarios.

Así, la gratitud y la generosidad se convierten en pilares de una vida plena y rica, no en posesiones, sino en momentos, en experiencias y en conexiones humanas. Son la base de una abundancia que no se agota, porque cuanto más das, más recibes; y cuanto más agradeces, más razones encontrarás para seguir agradeciendo.

Estos son algunos de los beneficios que tiene incorporar la gratitud y la generosidad en tu vida diaria[10]:

1. **Mejora de la salud mental:** La gratitud promueve emociones positivas y reduciendo el estrés, la ansiedad y la depresión.

2. **Aumento del bienestar:** Valorar lo que tienes te brinda una visión optimista de la vida mejorando tu bienestar emocional y psicológico.

3. **Mejora del rendimiento intelectual:** Expresar gratitud está asociado con un mejor rendimiento académico y un mejor funcionamiento intelectual.

4. **Mejora del sueño:** Llevar un diario de gratitud antes de dormir puede ayudar a liberar pensamientos negativos, facilitando un mejor descanso y un sueño más reparador.

---

10 De acuerdo a diversas reconocidas publicaciones tales como el Journal of Personality and Social Psychology, el Applied Psychology, el American Journal of Cardiology y estudios publicados por la Asociación Psicológica Americana.

5. **Relaciones sociales fortalecidas:** Mostrar gratitud fortalece las relaciones interpersonales y creando un entorno social más armonioso.
6. **Cuidado de la salud:** La gratitud y las emociones positivas se relacionan con cambios en la variabilidad del ritmo cardíaco, lo que puede tener beneficios para la salud del corazón y ayudar en el tratamiento de la hipertensión.

4.1 PRÁCTICAS DIARIAS DE GRATITUD Y GENEROSIDAD

La gratitud es un comportamiento que va de afuera hacia adentro, no es solo un sentimiento, sino una práctica diaria. Es tomar un momento cada día para reconocer todo lo bueno que nos rodea. La generosidad es un comportamiento que va de adentro hacia fuera, ya es el acto de compartir esa plenitud con los demás. Al ser agradecidas y generosas, no solo mejoramos nuestras vidas, sino que también inspiramos a quienes nos rodean a hacer lo mismo.

Quiero compartir contigo estas recomendaciones que te ayudarán a practicar tanto tu gratitud como tu generosidad en el día a día:

1. Diario de gratitud: Dedica unos minutos cada mañana o noche para escribir al menos tres cosas por las que estás agradecida. Pueden ser tan simples como una taza de café caliente o tan significativas como el amor de un ser querido. Cuando agradeces diariamente, tu cerebro empieza a vivir en la abundancia, por lo que empezarás a practicar la generosidad compartiendo tu tiempo, tu sabiduría, tus consejos, tu apoyo. ¿A caso no tienes ya de sobra para ti y para los demás?

2. Actos de bondad aleatorios: Los actos de bondad aleatorios pueden parecer simples y pequeños, pero su impacto puede ser enorme. Hacer algo bueno por alguien sin que te lo pidan y sin esperar nada a cambio puede marcar la diferencia en el día de una persona. Puede ser tan sencillo como sonreír y saludar a un extraño en la calle, ofrecer tu ayuda a un vecino que lo necesite, o escribir

una nota de agradecimiento a alguien que haya hecho una diferencia en tu vida. Realizar gestos inesperados, como sorprender a alguien con un pequeño regalo sin motivo aparente, también puede traer alegría y calidez a las personas que nos rodean. No se trata de hacer grandes gestos, sino de hacer pequeñas acciones que provoquen un impacto positivo en la vida de los demás. Cada acto de bondad cuenta y puede contribuir a hacer del mundo un lugar más amable y acogedor. Así que la próxima vez que tengas la oportunidad, adelante ¿Por qué no empezar el día de hoy?

3. **Meditación de gratitud:** La meditación de gratitud es una práctica simple, pero poderosa que puede tener un impacto significativo en tu bienestar emocional. Consiste en tomarte un tiempo para centrarte en tus sentimientos de agradecimiento hacia las personas, las experiencias y las cosas positivas en tu vida. Puedes empezar simplemente sentándote en un lugar tranquilo, cerrando los ojos y respirando profundamente. Luego, reflexiona sobre las cosas por las que te sientes agradecido en este momento. Podrían ser cosas tan simples como tener un techo sobre tu cabeza, comida en la mesa o personas que te quieren y te apoyan. También puedes enfocarte en experiencias positivas que hayas tenido recientemente, como un

momento alegre con un ser querido o un logro personal. A medida que te sumerges en estos sentimientos de gratitud, puedes sentir cómo tu corazón se llena de alegría y aprecio por la vida. Esta práctica puede ayudarte a cultivar una actitud de gratitud en tu día a día, lo que a su vez puede mejorar tu bienestar emocional y tus relaciones con los demás.

4. **Compartir tu tiempo:** ¿Cuánto trabajo nos cuesta salirnos de nosotras mismas y compartir nuestro tiempo porque a menudo estamos atrapadas en nuestras propias inquietudes y ocupaciones? Compartir tu tiempo genera un gran valor al hacer una diferencia en la vida de los demás y en la tuya propia. Puedes ofrecer tu tiempo de diversas formas, desde el voluntariado en organizaciones benéficas locales, hasta simplemente dedicar momentos de manera más informal, como pasar tiempo de calidad con un ser querido que esté atravesando por un momento difícil, o simplemente estar ahí para escuchar a un amigo que necesite desahogarse. Al ofrecer tu tiempo de esta manera, no solo estás brindando apoyo práctico a quienes lo necesitan, sino que también estás fortaleciendo tus conexiones con los demás y cultivando un sentido de propósito y satisfacción personal.

5. **Aprecia lo pequeño:** Por "pequeño" me refiero a las cosas simples y cotidianas que a

menudo pasamos por alto, como los pequeños momentos de alegría, las experiencias simples y las pequeñas bendiciones de la vida. Los normalizamos y les llamamos así porque a menudo no son eventos extraordinarios o grandes logros, pero son significativos en su simplicidad y pueden traer gran felicidad y gratitud. Es frecuente que pasemos por alto estos "pequeños" acontecimientos, por lo que será de gran valor en practicar la atención plena, enfocándote en tus sentidos y disfrutando del momento presente. Al apreciar estas pequeñas alegrías, cultivas una actitud de gratitud que mejora tu bienestar general y tu satisfacción con la vida.

Recuerda, la gratitud y la generosidad son prácticas que se fortalecen con la repetición. Al hacerlas parte de tu rutina diaria, no solo enriquecerás tu vida, sino que también serás una fuente de positividad para los que te rodean.

4.2 IMPACTO DE LA GRATITUD Y LA GENEROSIDAD EN LA ABUNDANCIA

La gratitud debe convertirse en tu estilo de vida, es un hábito que se cultiva y un antídoto contra la adversidad. Adóptala como una práctica diaria que llevas a cabo como el primer hábito matutino, previo a que veas tu teléfono celular, que corras a bañarte o a desayunar. Permite a tu mente abrirse a un estado de abundancia. Desde esa gratitud, es más sencillo tener la confianza de que tienes la capacidad de enfrentar lo que venga. Comienza a sentir que tienes suficiente para ti y para los demás, lo que te impulsará a dar, a ofrecer consejos, tiempo y apoyo de manera desinteresada. Este cambio de perspectiva te permite enfocarte en lo valioso de cada experiencia, incluso en los momentos difíciles. Te das cuenta de que el problema no radica en lo que sucede, sino en la narrativa que te cuentas a ti misma. Aunque puedas ver las dificultades con objetividad, eliges agradecer por la oportunidad de superarlas y crecer a partir de ellas. Por otro lado, cuando te encuentras en un estado bajo de conciencia, te victimizas, te quejas y solo puedes conectar con personas y situaciones que reflejan esa energía negativa. Sin embargo, cultivar la gratitud te ayuda a elevar tu vibración y atraer más bendiciones a tu vida. Como mencionan los budistas, la felicidad no reside en obtener lo que deseas, sino en apreciar lo que ya tienes. La gratitud se convierte así en un hábito que transforma tu vida y tu forma de interactuar con el mundo. Insisto, la gratitud y la generosidad son prácticas que se fortalecen con la repetición. Al hacerlas parte de tu rutina diaria, no solo enriquecerás tu vida, sino que también serás una fuente de positividad para los que te rodean.

Cuando vives con gratitud, no solo te sientes mejor contigo misma, sino que también fortaleces tus relaciones y tu capacidad para ayudar a los demás. La gratitud te ayuda a mantener la mente en el presente, lo que te permite estar más atenta y comprometida en tus interacciones con clientes, colegas, jefes, familia y la comunidad en general. Al valorar lo que tienes y a las personas que te rodean, creas un ambiente de confianza y colaboración que facilita la creación de conexiones significativas y el logro de metas compartidas. En lugar de preocuparte por el pasado o el futuro, la gratitud te permite aprovechar al máximo el ahora, donde tienes la oportunidad de marcar la diferencia y seguir creciendo tanto a nivel personal como profesional.

RESILIENCIA Y MOTIVACIÓN EN LA ACCIÓN

"Ser resiliente no es tratar de evitar el dolor, es aprender a lidiar con él"

Diane Coutu.

La resiliencia no es solo una palabra recurrente y sofisticada que está de moda. Yo la describiría como un superpoder emocional. Imagina que eres un árbol en medio de una tormenta. Las ráfagas de viento te sacuden, tus hojas vuelan y algunas ramas caen, pero tú sigues de pie. Eso es la resiliencia: la capacidad de enfrentar y superar situaciones difíciles o adversidades sin deshacerte como una galleta mojada.

No significa que debas intentar lo imposible al tratar de eliminar todos los problemas de tu vida. ¡Nada de eso! Más bien, es como si diseñaras y usaras un escudo emocional que te permita mantener la compostura y encontrar soluciones incluso cuando todo parece oscuro.

Hay momentos en la vida en los que enfrentamos desafíos inimaginables. Comparto, en mi caso, uno de ellos: el regreso al cielo de un angelito que yo había estado esperando por mucho tiempo. Puedo decirte que el dolor y la tristeza que acompañaron esa experiencia fueron abrumadores.

En medio de la oscuridad, descubrí una fuerza dentro de mí que no sabía que existía. No se trata de olvidar o superar el dolor, sino de encontrar energía para seguir adelante a pesar de él. A través de este proceso, hallé consuelo en las pequeñas cosas, fortaleza en saber que mi familia también me necesitaba, apoyo en mis seres queridos y esperanza en la ilusión de un mañana mejor.

La vida puede ser increíblemente difícil, pero también sorprendentemente hermosa. Aunque el duelo por mi pérdida nunca desaparecerá por completo, la resiliencia me ha enseñado a encontrar alegría y gratitud, incluso en los momentos más difíciles.

A nivel profesional, también he enfrentado retos demandantes que han exigido de mí, más de lo que en apariencia puedo ofrecer. En el pasado, competí con equipos altamente capacitados en un proyecto ambicioso. Trabajé con estrategia, detalle y precisión por meses. A pesar de resultar favorecida en la decisión final, mis contrincantes expresaron una respuesta extremadamente negativa, intentando desacreditar tanto a los tomadores de decisiones como mi propio desempeño. En lugar de concentrar mi energía en cumplir mi encomienda, tuve que hacer control de daños y esforzarme al mil por ciento en demostrar mis capacidades y resultados excepcionales. Me recuerdo varias veces encerrada, llorando en mi oficina, tomando aire y, en unos minutos, salir con mi mejor cara a enfrentar lo que seguía.

Atravesé por momentos complejos. Finalmente, en el balance de resultados, recibí varios reconocimientos tanto por mi trabajo como por mis logros personales, aunque el proceso resultó extenuante.

Por supuesto que he pasado por muchos más momentos donde la resiliencia ha sido para mí como tener un resorte en el corazón. Cuando he enfrentado dificultades, he sentido romperme como un cristal frágil. Pero no he tenido otra opción que "rebotar" y decirle a la vida: "¡Ajá! Ni creas que me vas a tumbar tan fácil".

En tiempos difíciles, es crucial mantener encendida nuestra luz interior. Adoptar una actitud positiva y proactiva no significa ignorar los problemas, sino enfrentarlos con valentía y al hacerlo, no solo se transforma nuestra percepción de los desafíos, sino también nuestra manera de encararlos. En lugar de verlos como obstáculos, los vemos como oportunidades de crecimiento, convirtiéndonos en arquitectas de nuestro propio destino.

Además, con esta actitud tenemos un regalo adicional que es el contagiar de esperanza y determinación a quienes nos rodean, convirtiéndonos en faros de inspiración para otros.

> La mentalidad resiliente no es solo ser fuerte; es ser flexible, adaptarse y encontrar oportunidades incluso en medio del caos.

No existe alguien que no viva la dualidad de navegar entre mares tormentosos y soleados senderos. Todas compartimos esa conexión profunda a través de nuestras luchas y triunfos. Las adversidades nos desafían, nos moldean, nos exponen y nos dejan vulnerables, pero también nos enseñan, nos fortalecen y nos preparan para superar cualquier obstáculo en nuestro camino hacia el éxito.

5.1 LA LUCHAS SILENCIOSAS: LA RESILIENCIA FEMENINA

En las sombras de la vida cotidiana, las mujeres enfrentamos desafíos que a menudo pasan desapercibidos. Siguiendo con el ejemplo del árbol, hay historias que en ocasiones son como caen las hojas sin testigos y llevan consigo una carga de valentía y determinación.

Detrás de la cortina de lo aparente, las adversidades se entrelazan con la fuerza interior que nos une como mujeres: desde la mujer que es responsable de sostener tanto económica como moralmente una familia, hasta las mujeres valientes que enfrentan discriminación, violencia de género y enfermedad. Todas son voces que merecen ser escuchadas. Otro gran pesar es el dolor del engaño y la traición que calan profundamente y hunden hasta la más fuerte. Cada lucha moldea la resistencia femenina y nos recuerda que incluso en la oscuridad, hay luz.

No todas compartimos la misma energía, ni la misma fortaleza, ni los mismos recursos en cada momento. Pero aquí está el secreto: no necesitamos competir con las tragedias ajenas ni comparar nuestras batallas con las de otras. ¡Ni siquiera entre las de nosotras mismas! La verdadera medida está en cómo enfrentamos nuestras propias tormentas, en cómo nos erguimos después de cada caída.

Imagina a esa mamá soltera que cada día se desvive por mantener el equilibrio entre trabajo y cuidado de sus hijos. O a esa joven que lidia con la ansiedad, luchando cada noche por encontrar la paz en el sueño. Y no olvidemos a esa abuela, con sus experiencias marcadas en su rostro, que ha superado desafíos y pérdidas, pero aun así encuentra motivos para levantarse cada mañana.

En el día a día, nos encontramos con desafíos de todos los tamaños. Algunos pueden parecer pequeños, pero no por eso son menos importantes. La auténtica valentía no se mide por la magnitud de los problemas, sino por la fuerza que nace de nuestro interior para superarlos.

No todas nuestras batallas son gestas monumentales o hazañas épicas. A veces, son los desafíos cotidianos los que nos mantienen despiertas por la noche. Imagina enfrentar una presentación en el trabajo que te hace sudar las manos o aprender un nuevo idioma. Incluso intentar bajar de peso para una ocasión especial es un reto único que nos da la oportunidad de crecer y fortalecernos.

En cada pequeña victoria, estamos tejiendo nuestra resiliencia. No necesitamos capas de superheroínas; solo determinación de seguir adelante. En este trayecto, cada paso tiene su propio valor. No importa si es grande o pequeño; cada uno deja una huella en nuestra historia. Las lágrimas derramadas, los avances dados con dificultad y las risas compartidas son parte de nuestra autenticidad.

Celebremos las pequeñas victorias: el momento en que nos levantamos después de caer, la sonrisa que compartimos con un extraño o el sorbo de té que nos reconforta en medio de la tormenta. No necesitamos compararnos con los demás; solo debemos superar nuestras propias batallas y ser más fuertes que antes.

Cada día es una página en nuestro libro personal, escrita con tinta de valentía y esperanza. Sigamos adelante con gratitud, recordando que somos las protagonistas de nuestra propia historia.

Cada desafío, por insignificante que parezca, nos acerca un paso más a nuestros sueños. Mantén la resiliencia en tu corazón y sigamos bailando bajo la lluvia.

DESAFÍA TUS LÍMITES EN TU DESARROLLO PERSONAL Y PROFESIONAL

"No limites tus desafíos. Desafía tus límites"

Jerry Dunn.

6.1 DESARROLLO PERSONAL

No, espera, no te preocupes, no voy a soltarte un discurso de gurú ni a lanzarte un montón de jerga de autoayuda. Soy como tú, una mujer con sueños, luchas y momentos en los que simplemente quiero tirar la toalla y decir "basta".

¿Por qué te cuento esto? Porque sé que detrás de esa fachada de fortaleza y seguridad que mostramos al mundo, todas tenemos nuestros días grises. Esos días en los que nos preguntamos si realmente estamos haciendo lo correcto, si somos lo suficientemente buenas, si estamos en el camino correcto hacia el bienestar y el éxito.

Y déjame compartirte algo más: está completamente bien sentirse así. Sí, lo has entendido correctamente. Es normal tener dudas, miedos e inseguridades. Te aseguro que yo también las experimento frecuentemente. Aún no creo que se haya inventado el escudo que te blinde para evitarlo. Pero lo verdaderamente significativo es cómo optamos por abordar esas emociones, cómo las transformamos en impulsos para nuestro desarrollo personal y profesional.

En este capítulo, no encontrarás a una experta infalible hablando desde una posición de superioridad. En cambio, te hablaré desde el corazón, desde las vivencias de alguien que ha enfrentado obstáculos, se ha caído y se ha levantado una y otra vez. Mi objetivo es conectarme contigo como una amiga que entiende tus desafíos y está aquí para decirte que sí, es posible superarlas.

Adentrémonos en la importancia de fortalecer nuestro desarrollo personal. No se trata de convertirnos en seres impecables, sino de abrazar nuestra valentía como mujeres, dispuestas a confrontar nuestros demonios internos y transformarlos en nuestras mayores fortalezas.

Reconocer nuestras debilidades puede ser como descubrir nuestro propio talón de Aquiles en el camino hacia el crecimiento personal. Y sí, he tenido mis propias batallas con ellas. Pero déjame contarte algunas experiencias concretas.

6.1.1 RESILIENCIA

Durante mis años universitarios, viví uno de los capítulos más desafiantes de mi vida. Nos golpeó una crisis económica que nos dejó con poco menos que la unidad familiar fracturada. Me sentí rechazada, expuesta y sin apoyo, pero sabía que tenía que ser la roca para mi familia. En esos momentos de incertidumbre, me armé de valor, aunque por dentro, estaba llena de inseguridades y temores. No era una heroína de cómic, sino una persona real enfrentando problemas reales. Me puse en marcha, creando planes y buscando soluciones, siempre con la mirada hacia adelante. Tuve que ser fuerte, no solo por mí, sino por mis hermanos y mis padres. Fue un camino lleno de obstáculos, ¡se dice tan fácil y suena como una frase tan común! Levantarse de la cama diariamente tenía implicaciones de miedo, angustia, estrés, incertidumbre y en ese estado, no es de extrañar que pasen por tu mente escenas apocalípticas y el estado de vulnerabilidad te haga accesible a malos pensamientos y decisiones negativas. Pero como dicen por ahí, todo pasa. Fue un proceso lento pero pasó. Cada dificultad superada me enseñó una valiosa lección sobre mi propia fortaleza.

6.1.2 AUTOESTIMA Y ACEPTACIÓN

¿Cuántas veces me he descubierto siendo implacable conmigo misma al exigirme de más para después frustrarme por no alcanzar mis altos estándares o darle más crédito a la opinión negativa de terceros que a la mía propia?

La autoestima es un viaje personal y en mi recorrido, he sido tanto mi mejor aliada como mi crítica más feroz. El tiempo me ha enseñado a ser más amable conmigo misma, enfrentando desafíos y superándolos con valentía y tenacidad. Aunque debo admitir que el perfeccionismo y las comparaciones aún acechan en las sombras, ¡pero ya los estoy cazando con determinación! Porque reconciliarme conmigo misma y convertirme en mi mejor amiga es una aventura que vale la pena.

6.1.3 CRECIMIENTO PERSONAL

No voy a mentir cuando a veces me pasan tantas cosas inusuales, peculiares y tan seguidas que pienso que el script de mi película es irreal, ya que es asombroso que tantas cosas le ocurran a una sola persona; el destino juega sobrepasando los límites de lo creíble.

Una vez, en un viaje en autobús con mis abuelos, mi hermana y una prima pequeña, nos embarcamos en una aventura que desafiaría nuestras expectativas y nuestra capacidad para encontrar el lado sensato de la adversidad. Lo que comenzó como un simple regreso a casa se convirtió en una epopeya llena de sorpresas en un trayecto que debía durar 22 horas, pero terminó extendiéndose a lo largo de tres días.

Desde la primera descompostura del autobús, supimos que este viaje sería diferente, pero nunca tanto como cuando vivimos un leve choque, un neumático reventado y la enfermedad del chofer hasta la espera por su suplente. En lugar de dejarnos abrumar por el caos, no tuvimos otra opción que abrazar la locura y convertirla en una experiencia difícil de olvidar.

Mis propias reacciones pasaron de la frustración inicial a la aceptación resignada y, finalmente, al delirio absoluto. Con cada parada inesperada, nos encontrábamos con situaciones que desafiaban cualquier lógica. Desde el chofer que insistía en cantar karaoke mientras conducía, el pasajero que llevaba consigo un pollo como mascota, hasta el vecino de asiento que se creía chef e inundaba el autobús con aromas nauseabundos indescriptibles, nunca sabíamos qué esperar a continuación.

Después de tres días de risas, lágrimas y momentos surrealistas, no todos los pasajeros que salimos, llegamos hasta el final, ya que se fueron relegando en el camino. Fue entrar en contacto con una extensa galería de reacciones humanas ante la adversidad. Los supervivientes de ese trayecto nos despedimos del autobús con una sensación de gratitud por haber vivido una aventura tan memorable. Aunque la ruta fue larga y llena de obstáculos, también nos enseñó la importancia de mantener el buen humor y la resiliencia frente a la adversidad.

Ante los desafíos, muchas veces yo no he sabido qué cable cortar para desactivar la bomba. Por supuesto que ya me ha explotado algunas veces y he tenido que cambiar mi vida a modo reconstrucción. No ha sido fácil, pero cada vez que me lanzo a lo desconocido, sé que voy a crecer más que el horizonte de posibilidades que se abre ante mí. Hoy me siento más preparada para enfrentar dificultades, a pesar de que la incertidumbre sigue generando temores. He aprendido a abrazar los cambios y a confiar en mi capacidad para adaptarme a nuevas situaciones.

> Reconocer y aceptar nuestras debilidades es solo el primer paso hacia el crecimiento personal. En lugar de verlas como obstáculos, podemos convertirlas en oportunidades de mejora.

Potenciar nuestro desarrollo personal implica invertir tiempo y esfuerzo para transformar esas debilidades en fortalezas, permitiéndonos alcanzar nuestra mejor versión.

¿Deberíamos preocuparnos por fortalecer nuestro desarrollo personal? Bueno, es como preguntarnos por qué tenemos que regar nuestras plantas de un jardín interior. Porque si no lo hacemos, se marchitan, se apagan y terminan más tristes que un globo desinflado después de una fiesta de cumpleaños.

Darte ese espacio para crecer nutriendo, tu crecimiento personal, es como envolverte en un abrazo cálido. Te permite descubrirte, comprender tus pasiones y llenarte de energía. Es como si cada pieza del rompecabezas de tu vida (como ya habrás percibido, amo los rompecabezas), desde las decisiones hasta las metas, encontrará su lugar perfecto.

Trabajar en ti misma te da fuerza, te prepara para enfrentar desafíos y, sobre todo, te enseña a ser resiliente. ¿Quién no admira a los atletas que se levantan una y otra vez después de caer? Esa es la resiliencia que el desarrollo personal te brinda, permitiéndote levantarte con ánimo cada vez.

Invertir en ti es un seguro de vida emocional, una promesa de crecimiento constante y la llave que abre las puertas hacia la plenitud y realización personal. Así que, ¿qué esperas para comenzar? Tu yo del futuro te estará eternamente agradecido.

6.1.4 DESPLEGANDO TUS ALAS: TIPS PARA VOLAR ALTO EN TU VIAJE DE AUTODESCUBRIMIENTO

La sobrecarga de consejos para mejorar nuestro crecimiento personal puede resultar agobiante, ¿verdad? El camino hacia el autodescubrimiento es algo que debería ser emocionante y enriquecedor, pero a veces puede parecer un laberinto confuso. Te comparto una guía simple y amigable para que puedas comenzar a explorar y nutrir tu propio crecimiento y amor propio, paso a paso:

1. **Establece tus metas:** Reconoce hacia dónde quieres llegar estableciendo metas realistas y alcanzables. Haz alguna actividad diaria que te acerque a ellas a través de pequeños pasos y logros.

2. **Incorpora tu resiliencia:** Subraya la importancia de enfrentar los desafíos con valentía y determinación, recordando que los obstáculos son oportunidades de aprendizaje y crecimiento.

3. **Mejora tu autocuidado:** Cuida tu bienestar físico, emocional y mental, promoviendo hábitos saludables y técnicas de manejo del estrés.

4. **Desarrolla habilidades:** Fomenta nuevas competencias y pasiones, alentando a salir de tu zona de confort.

5. **Apóyate de tu círculo cercano:** Rodéate de personas que estén alineadas a ti fomentando relaciones saludables y significativas.

6. **Sé flexible y adaptable:** Valora la importancia de ser versatil ante los cambios y las adversidades, recordando que la vida está llena de altibajos y que la capacidad de adaptación es clave para el éxito personal.

7. **Celebra tus logros:** Celebra cada uno, por pequeño que sea, reconociendo tu esfuerzo y tu progreso.

8. **Persiste y sé paciente:** Recuerda que el desarrollo personal es un viaje continuo que requiere tiempo, esfuerzo y paciencia. No pierdas los ánimos ante los contratiempos y sigue adelante con determinación.

6.2 EXPLORANDO TU POTENCIAL: UN VIAJE DE DESARROLLO PROFESIONAL

¿Alguna vez te has sentido estancada en la misma rutina laboral, como si estuvieras dando vueltas sin llegar a ningún lado? A veces, cuando te esfuerzas por alcanzar tus sueños más grandes, aparecen obstáculos que parecen inamovibles. ¿Cuántas veces has pensado en dejarlo todo, como si fuera tan fácil como dar un paso atrás? ¿Te suena familiar esta sensación? Realmente te estoy describiendo cómo me he sentido en varios momentos de mi vida profesional.

En el camino he descubierto que el crecimiento profesional no se trata simplemente de avanzar en la escalera corporativa, de abrir un negocio propio, o de acumular títulos y certificaciones. Se trata de descubrir aquello que verdaderamente me apasiona, de aprovechar mis fortalezas únicas y de tener el coraje necesario para perseguir mis sueños con persistencia.

Creo firmemente que la clave está en comprender el valor que aporto y en cómo ese valor puede impactar positivamente en la vida de los demás, y, por ende, en la mía propia. Es un viaje de autodescubrimiento y crecimiento que, en última instancia, nos lleva a una realización más profunda y significativa.

Sé que puede sonar como un cliché, pero te aseguro que he aprendido que el verdadero crecimiento profesional va mucho más allá de acumular logros. El tema es sobre desafiarte a ti misma, de estar dispuesta a aprender de tus errores y fracasos, y de encontrar significado y propósito en cada paso del camino.

No es simplemente adquirir conocimientos o seguir un camino predefinido. Hablamos sobre desarrollar una mentalidad de crecimiento y adaptabilidad que te capacite para prosperar en diversos entornos laborales, mientras contribuyes de manera positiva al mundo que te rodea. Es un viaje de autodescubrimiento y contribución que enriquece tanto tu vida profesional como personal.

Somos una sola entidad. No podemos separar o diferenciar la vida personal de la profesional, ya que ¡cómo haces una cosa, haces todo! Así que lo que sume y enriquezca tu vida personal, tendrá repercusiones positivas en tu vida profesional. Pero de igual forma, en sentido contrario.

6.2.1 ALCANZA TU POTENCIAL: CLAVES PARA EL CRECIMIENTO PROFESIONAL

Comparto contigo algunas estrategias que han sido útiles en mi propio viaje profesional. No hay una fórmula mágica, pero estas sugerencias pueden ser como un buen mapa para navegar por tu propio camino. Si las sigues con ganas y convicción, te aseguro que estarás un paso más cerca de una carrera que te llene de satisfacción y realización:

1. **Establece objetivos profesionales claros:** Define tus metas profesionales a corto, mediano y largo plazo y trabaja de

manera constante para alcanzarlas. Hacerlo te ayuda a mantener el enfoque y la motivación en tu carrera con un sentido de dirección y propósito.

2. **Cultiva tus habilidades:** El aprendizaje continuo es clave para el éxito profesional. Identifica las habilidades que son relevantes para tu campo y busca oportunidades para desarrollarlas. Ya sea a través de cursos en línea, talleres o mentorías, nunca dejes de invertir en tu crecimiento profesional.

3. **Haz networking efectivo:** Construir y mantener una red de contactos sólida es fundamental en el mundo laboral. Dedica tiempo a conectar con colegas, mentores y profesionales de tu industria. Participa en eventos de networking, únete a grupos profesionales y e incorpora la proactividad en la búsqueda de oportunidades de colaboración.

4. **Mantén una mentalidad de crecimiento:** Sé flexible, adaptable, con una mentalidad abierta a nuevas oportunidades y desafíos. Aprende de tus errores, celebra tus éxitos y enfócate en el crecimiento continuo y toma la iniciativa.

5. **Busca retroalimentación y aprende de ello:** Solicitar retroalimentación regularmente te permite identificar áreas de

mejora y desarrollar habilidades profesionales. Aprovecha las oportunidades de recibir comentarios constructivos y a veces no tanto, de parte de tus colegas, supervisores y clientes. Utiliza esa información para crecer y mejorar en tu trabajo.

TRASCIENDE CON UNA MARCA PERSONAL AUTÉNTICA

"La gente se ríe de mi porque soy diferente y yo me río de ellos porque son iguales"

Kurt Cobian.

La marca personal es como la evolución natural de la reputación. Es más dinámica, más personal y más poderosa que nunca. Y creo que eso es algo emocionante, como si nos dieran un lienzo en blanco y nos dijeran: "Ve y crea algo increíble para ti". Es una oportunidad que no puedo dejar pasar.

La transición de reputación a marca personal ha sido fascinante. Ha pasado de ser algo que se te atribuía pasivamente con poca consciencia a algo que tú puedes construir activamente.

Antes, podías ganarte una buena reputación siendo una profesional competente, cumpliendo tus compromisos y manteniendo una conducta intachable. Pero ahora, eso no es suficiente. La marca personal implica mucho más que eso. Se trata de contar tu historia de manera auténtica y única, de mostrar al mundo quién eres realmente y qué te hace diferente.

Pero lo más importante de todo es que la marca personal nos da el poder de ser dueños de nuestra propia narrativa. Ya no dependemos únicamente de lo que otros piensen de nosotros. Ahora podemos influir en esa percepción, moldearla a nuestro antojo.

Entre todas las opciones para impulsar el desarrollo profesional, elegí profundizar en el fascinante mundo de la marca personal, ya que es un imán que atrae oportunidades convirtiéndose en tu diferenciador más poderoso en el mercado laboral. En estos tiempos de conexiones instantáneas y oportunidades globales, nuestra marca personal es como el faro que nos guía no solo en océano digital sino también en el presencial. Es el reflejo de nuestra naturaleza al ser nuestra mejor carta de presentación y dominar su arte nos brinda las llaves para abrir puertas hacia el éxito y la realización personal.

> La marca personal es la esencia de nuestra identidad que trasciende las fronteras físicas y virtuales. Cultivarla con autenticidad y consistencia nos empodera para destacar entre el ruido, construir relaciones significativas y alcanzar nuestras metas con impacto y propósito.

7.1 FORJA TU ESENCIA A TRAVÉS DE TU MARCA PERSONAL

¿Pero qué es la marca personal? Es lo que la gente percibe sobre ti, lo que te hace reconocible y te hace especial.

Tu marca personal siempre ha estado ahí, incluso si no la has definido formalmente. Ya sea que tengas un negocio o no, si trabajas para ti o para alguien más, es crucial tenerla bien desarrollada para sobresalir en el ámbito donde te desenvuelvas. Se trata de tu reputación, tus habilidades, tu personalidad, y tu experiencia, ya que es cómo te muestras en tu entorno. Es tu huella digital en el mundo profesional, tu manera de destacar en cualquier campo laboral y tu activo de más valor.

Las dos preguntas claves que debes definir sin llevarlas al extremo de las dudas existenciales, es resolver de manera simple ¿quién eres? Y ¿por cuál característica quieres que te reconozcan? Ya somos alguien y ya nos reconocen por algo. Ahora vamos a revisar si ese alguien y ese algo son congruentes con lo que queremos para nosotras mismas.

Personalmente, ya proyectamos algo. Profesionalmente también. ¿Qué tan confiable eres? ¿Eres puntual, formal, responsable y comprometida? Podríamos caer en la trampa de pensar que tu identidad es un simple logo o una combinación de colores. Realmente consiste en quién eres en términos de valores, acciones y credibilidad. Es cómo te perciben y qué te distingue en tu carrera, más allá de lo que se ve a simple vista.

Durante mucho tiempo, me sentí satisfecha cuando me preguntaban si disfrutaba ser una simple colaboradora en mi propia empresa, ya que yo me creía astuta al mantener una posición reservada como propietaria. Siempre muy discreta. Optaba por pasar desapercibida, pensando que al no sobresalir tenía una ventaja en las negociaciones. El no aparecer en el reflector, también tiene sus ventajas, no te expones ni te comprometes, pero al evadir la atención, pierdes oportunidades de crecimiento. Sin embargo, con el tiempo, comprendí la importancia de ser la cara visible, de destacar y consolidarme como líder. O lo que es lo mismo, tuve que salir de mi zona de confort. Reconozco que desaproveché oportunidades al no asumir mi papel de liderazgo desde el principio, pero ahora he logrado revertir esa perspectiva y consolidarme como empresaria y referente en mi sector.

Al aumentar mi conciencia, he logrado superar en gran medida el síndrome del impostor, mi fiel compañero de muchos viajes. Ahora, me siento segura y orgullosa de liderar desde el frente. Esta transformación me ha capacitado para guiar con confianza y autenticidad, abriendo así nuevas oportunidades tanto para mi desarrollo profesional, como el de mi equipo y de mis empresas.

7.2 DIFERENCIAS ENTRE LA MARCA PERSONAL PRESENCIAL Y LA MARCA PERSONAL VIRTUAL

Vivimos en una era donde nuestras interacciones con los demás se entrelazan entre dos esferas: la presencial y la virtual. En este contexto, la gestión de nuestra identidad se vuelve crucial para mantener una imagen coherente y auténtica en ambos entornos. Sin embargo, este desafío presenta muchas complejidades. La necesidad de equilibrar la autenticidad con la presentación cuidadosa de nosotros mismos en línea, así como la capacidad para adaptarnos a los diferentes códigos de comunicación en cada esfera, son solo algunos de los retos que enfrentamos en esta era digital. Entre más clara tengamos nuestra marca personal, podremos ser más congruentes en que ambas estén alineadas en el mismo sentido. No cabe duda que es un gran desafío.

Mientras que la marca personal presencial se construye a través de interacciones cara a cara y la impresión que dejamos en los demás, la marca personal virtual se forja en el retador, vasto y dinámico universo digital. Ambas son facetas esenciales para conocer cómo nos perciben profesionalmente, pero operan en esferas diferentes y con herramientas distintas. Te comparto las diferencias fundamentales entre estas dos formas de autogestión de la identidad:

1. Alcance: La marca personal presencial se limita a las interacciones cara a cara, mientras que la virtual tiene un alcance global a través de plataformas digitales como redes sociales, blogs y sitios web.

2. Interacción: En el mundo presencial, las interacciones suelen ser más personales y directas, mientras que en el entorno virtual, la interacción puede ser más impersonal y a través de medios digitales.

3. Permanencia: La marca personal virtual puede perdurar en el tiempo de forma más

permanente que la presencial, ya que la información en línea puede ser accesible durante mucho tiempo.

4. **Visibilidad:** Una marca personal sólida en el mundo presencial implica la exposición cara a cara. Esta interacción directa permite que diversos factores influyan en la percepción de la marca, incluyendo el lenguaje no verbal, el aroma, la capacidad de conexión con los demás, entre otros. En el ciberespacio, la marca personal podría tener una más amplia, duradera y profunda penetración al aumentar la visibilidad, la familiaridad e identificación ante el público objetivo.

5. **Credibilidad:** Una marca personal bien gestionada en ambos entornos genera congruencia, confianza y credibilidad tanto en clientes como en colaboradores.

6. **Oportunidades:** Tener presencia tanto en el mundo físico como en el virtual amplía las oportunidades profesionales, networking y crecimiento personal y profesional. Gracias al crecimiento de las plataformas virtuales, las oportunidades y la visibilidad se han multiplicado exponencialmente en los últimos años.

Nos guste o no, vivimos en un mundo dual donde nuestra presencia digital tiene cada vez más relevancia. La buena noticia es que nosotros podemos diseñar esa presencia de acuerdo a nuestro estilo, gusto y modo. No necesariamente tiene que estar determinada por tendencias o modas. Pero es evidente que si no tienes una presencia virtual clara y diseñada, cada vez tus oportunidades profesionales se verán más limitadas.

Cuando tienes antojo de una hamburguesa y conseguirla debe ser accesible, la posibilidad que McDonald´s sea la primera idea que llegue a tu cabeza es alta, aun cuando no sea tu alternativa favorita. La opción conocida y disponible, predomina sobre aquella de más beneficios. ¿Qué tanto eres la opción más conocida y disponible en lo que ofreces? Tú no quieres ser el secreto mejor guardado de tu industria, ¿verdad?

Es importante recordar que las plataformas virtuales no deben ser utilizadas como espacios de análisis psicológico ni para ventilar problemas personales. Es fundamental mantener la privacidad y la discreción en línea, así como buscar ayuda profesional en entornos adecuados para abordar cualquier dificultad personal. Al interactuar en redes sociales, se debe priorizar el uso profesional, constructivo y positivo, reflexionando antes de compartir contenido personal, ya que una vez publicado, puede ser difícil de controlar. Además, es recomendable promover contenido significativo y respetuoso, evitando contribuir a un ambiente de negatividad o conflictos en línea.

7.3 CONSTRUYENDO UNA MARCA PERSONAL AUTÉNTICA

Sé auténtica. Nadie quiere verte como clon de alguien más. Conviértete en un unicornio en un campo lleno de ovejas. La autenticidad es un regalo que te das a ti misma. Cuando reflejas tu verdadero ser, transmites tu esencia, impactando a los demás y llenándolos de significado.

Se dice fácil, ¿no? El secreto para lograrlo está en escuchar tu voz interior, identificarla en el bullicio del mundo sin temor a diferenciarte, abrazando tus imperfecciones y tus cicatrices, ya que son parte de tu belleza.

Por otro lado, por supuesto que podemos inspirarnos a través de lo que hacen los demás. Al modelar a quien ya lo está haciendo bien, le imprimiremos nuestro propio sello. No estoy hablando de copiar, sino de aprender de sus experiencias, habilidades y mentalidad. Al observar a alguien que admiramos, podemos adquirir conocimientos valiosos, encontrar inspiración y obtener una visión más clara de nuestros propios objetivos. Modelar nos permite crecer, evolucionar y convertirnos en nuestra mejor versión con nuestro propio ADN, aprovechando las lecciones aprendidas por aquellos que han alcanzado el éxito antes que nosotros.

¿Has notado la cercanía que transmiten algunas personas que son referentes en cuanto a marca personal? Aunque no los hayas visto cara a cara, su influencia es palpable, ¿verdad? Es como si compartieran contigo con cercanía una parte de su historia, haciéndote sentir cómplice de alguna manera en su odisea.

Jennifer López, actriz, cantante y productora, ha aprovechado su historia y su trayectoria para traducirlos en productos atractivos basados en la empatía, la innovación y la autenticidad.

Tony Robbins, mundialmente famoso orador motivacional, ha construido su reputación ofreciendo seminarios de desarrollo personal y profesional y es reconocido por su gran experiencia, carisma y habilidades de comunicación.

Marie Kondo es una reconocida japonesa experta en organización y autora del bestseller "La Magia del Orden". Su filosofía de vida y su método KonMari divulgan la idea de organizar espacios conservando solo las cosas que realmente generen alegría.

Elon Musk, líder de Tesla Motors, así como fundador de grandes empresas tecnológicas y de servicios digitales, ha sido uno de los más importantes catalizadores de atención, y a pesar de que es totalmente disruptivo, inspira a la innovación, a la aventura y a la aceptación de riesgos.

Aunque todos tienen una amplia gama de proyectos, tienen algo en común: su marca personal es su proyecto más relevante.

¿Y para ti? ¿Cuál es tu proyecto más importante? ¡Tú misma!

7.4 BUSCANDO TU POR QUÉ

En mi libro Zapatillas para el Éxito, describí con detalle el significado de lo que es el Ikigai y los pasos para que encuentres tu propósito o la razón por la que te levantas cada día. Hoy quiero presentarte otra perspectiva basada en el concepto del influyente orador y coach Simon Sinek plasmada en su libro "Empieza con el porqué", una lectura esencial para los interesados en el liderazgo y desarrollo personal.

Su concepto se refiere al "círculo dorado" para explicar cómo los grandes líderes y organizaciones se inspiran al actuar. Dicho círculo consta de tres capas: Por qué, Cómo y Qué. Sinek argumenta que comprender y comunicar tu Por Qué es crucial para inspirar a los que te rodean, logrando un éxito duradero y significativo. El porqué se refiere a tu propósito, tu razón de ser, tu causa y tu pasión. No se trata de explicar qué haces o cómo lo haces, sino de tener claridad en el porqué lo haces.

> El porqué es aquello que te entusiasma, te motiva y estarías dispuesta hacer aunque no te pagaran. Es lo que te brinda la certeza de dejar una huella en el mundo y te llena de amor realizarlo.

7.5 PRINCIPIOS DE LA MARCA PERSONAL

Iniciar el camino hacia una marca personal sólida y resonante, tanto de forma presencial como virtual, no es pan comido, requiere compromiso, análisis y ánimo para embarcarse en una aventura de autodescubrimiento y expresión. Cada paso que das es una oportunidad para moldear cómo el mundo te percibe y se conecta contigo. Los principios que a continuación te propongo son estrellas que guiarán tu travesía hacia una identidad única y auténtica que resuene en el corazón de tu audiencia:

1. **Propósito:** La marca personal tiene sentido cuando comprendes la razón por lo que lo haces, ya que te da más posibilidades de

conexión al ser auténtica, fiel a ti misma y a tus valores. Antes de iniciar con tu proyecto de marca personal, descubre tu ADN, tu esencia, y haz que todo gire en torno a ello.

2. **Consistencia:** Mantén una imagen y un mensaje coherente en todos los puntos de contacto con tu comunidad y audiencia.

3. **Especialización:** Destaca en un área específica de conocimiento o habilidad para establecerte como una autoridad en tu campo.

4. **Visibilidad:** Asegúrate que tu marca personal sea visible y accesible para tu público objetivo.

5. **Conexión:** Construye relaciones significativas con tu audiencia y otros profesionales de tu industria.

6. **Valor agregado:** Ofrece algún diferenciador que te distinga y aporte valor a aquellos que interactúan con tu marca. ¿Qué valor aportas al mundo? ¿Cuál es el problema que solucionas?

7. **Velocidad:** Tu capacidad de respuesta y acción te permitirán tomar ventaja en un universo competido, sobre todo si incorporas la capacidad de adaptarte y evolucionar con las tendencias y cambios en el mercado.

8. **Pasión:** Considera que debes amar lo que haces, ya que te garantizo que será demandante y muchas veces retador. El que lo disfrutes

te dará energía para continuar en momentos difíciles.

9. **Dedicación:** La acción es fundamental. Ponte objetivos claros, alcanzables y en plazos reales. ¡Actúa!

10. **Paciencia:** Fortalecer una marca personal es una carrera de resistencia, no de velocidad. Diseña tu proyecto y disfruta el camino. Recuerda que ya tienes una marca personal y es para toda la vida.

Los valores de tu marca personal son la esencia de tu identidad profesional y guiarán la forma como te presentas al mundo con autenticidad y congruencia para sobresalir en un mercado competitivo, mostrando cómo puedes contribuir positivamente con aquello que te hace única.

7.6 DE LO PERSONAL A LO DIGITAL: TRANSFORMA TU PRESENCIA EN LÍNEA

Tenemos que reconocer que estamos ya en una era sin retorno, donde cada clic cuenta y cada pantalla es una ventana al mundo, donde tu presencia digital es más que un perfil o una publicación: es la esencia de quien eres, proyectada en el día a día dentro del mundo *online*. Diseña y dale forma a esa voz única que solo tú posees y que el mundo digital está esperando descubrir. ¿Ya te "googleaste"? ¿Qué encontraste sobre ti?

A diferencia de los principios de la marca personal que aplican para la esfera presencial y la virtual, esta última tiene sus propias características. Digitalízate con estas nueve razones para crear o fortalecer tu marca personal virtual:

1. **Mantén el control de tu imagen:** Tienes el poder de moldear y controlar cómo te perciben los demás en línea, asegurándote de que tu imagen digital refleje tus valores y objetivos.
2. **Desarrolla de redes de contacto:** Las plataformas virtuales te permiten llegar a una audiencia global aumentando tu visibilidad y mejorando la interacción.

3. **Optimiza tu embudo de ventas:** Al reducir el costo de adquisición de clientes, acortarás el ciclo de conversión.

4. **Genera credibilidad profesional:** Una marca bien establecida refuerza tu reputación demostrando tu experiencia y conocimientos en tu campo.

5. **Establece conexiones directas:** Los puentes digitales nunca han sido tan accesibles para poder conectar con quien tú quieras y permitir que conecten contigo a un clic de distancia, fortaleciendo tu *networking*.

6. **Ayuda a una comunidad:** Concentra tus esfuerzos en un nicho específico interesado en el valor que aportas.

7. **Fortalece tu educación continua:** Mantener tu marca personal digital te obliga a estar al día con las tendencias y tecnologías fomentando el aprendizaje continuo.

8. **Construye un legado digital:** Deja una huella duradera que pueda trascender tu carrera actual y servir como plataforma para futuros emprendimientos.

9. **Trasciende:** Hoy en día podemos romper las fronteras del espacio y del tiempo, permitiéndonos estar siempre presentes y ajustar nuestro contenido según convenga. Pero claro, abrirte en plataformas sociales tiene su lado complicado. No todos se sienten

cómodos al compartir información y contenido en un universo tan amplio y a veces puede asustar un poco.

7.6 SOSTENIBILIDAD DE MARCA

Ya acordamos que hoy y la tendencia hacia el futuro es que la imagen y la percepción de marca tienen un peso significativo en el éxito profesional, por lo que la sostenibilidad de la marca personal se convierte en un pilar fundamental para destacar y dejar una huella perdurable. La marca personal sostenible no es solo un reflejo de nuestras habilidades y logros, sino también un testimonio de nuestra autenticidad y valores.

Estas son algunas recomendaciones que te permitirán lograr una marca personal que no solo resista el paso del tiempo, sino que también te posicionen como líder y referente en tu área:

1. Recuerda que la información digital puede dejar una huella imborrable. No hagas contenido que dañe a terceros, sobre todo a tu círculo cercano o contenido del que te puedas arrepentir al paso del tiempo.
2. El éxito en el mundo digital se construye con paciencia y estrategia a lo largo del tiempo a través de la constancia y visión a futuro. Es un maratón donde administras tu energía, no una carrera de 100 metros.
3. Descubre tu propio ritmo y la esencia que resuene contigo y tu audiencia, asegurando que tu contenido se alinee a tus objetivos y al interés de tus seguidores.
4. Cuida tu reputación *online* como un tesoro, manteniendo una actitud profesional y ética en todo momento en tus interacciones en línea, ya que cada publicación o comentario puede influir en cómo te perciben los demás.
5. Construye relaciones auténticas buscando conectar genuinamente con tu audiencia. Interactúa con ellos, responde a sus preguntas y comentarios, y muestra interés en sus opiniones y necesidades.
6. Sé consistente en tu mensaje y estilo, buscando siempre humanizar tu marca. Establece una voz y un estilo visual coherentes en tus publicaciones para que tu audiencia pueda identificarte fácilmente. Esto ayudará a generar tracción fortaleciendo tu

marca personal y creando una imagen sólida y reconocible.

7. Disfruta el proceso sin obsesionarte con los números de seguidores, likes o comentarios. Enfócate en disfrutar y conectar con tu audiencia.

Una marca personal sostenible nos abre las puertas a nuevas oportunidades, nos permite construir redes de contacto más sólidas y alcanzar un éxito que va más allá de lo efímero, hacia un legado que perdura.

LLEGANDO A LA META: REFLEXIONES Y ACCIONES INSPIRADORAS

CONSEJOS PARA SUPERAR DESAFÍOS Y MANTENER LA MOTIVACIÓN EN EL CAMINO HACIA EL ÉXITO

> "La vida es 10% lo que me pasa y 90% cómo reacciono a ello"
> Charles Swindoll.

En este viaje hacia mis sueños, a veces mi motivación fluctúa como la llama de una vela en la oscuridad, y así como el viento puede debilitarla, también puede hacerla brillar con más fuerza, dándome el impulso necesario para seguir adelante.

Pero, ¿sabes qué? Afortunadamente, he podido incorporar dos recursos valiosos: La disciplina y la planeación, ya que son como un faro en la noche. Me guían con su luz constante, incluso cuando la oscuridad amenaza con desviarme del camino. Son como ese punto de referencia seguro que me ha permitido avanzar con confianza hacia mis aspiraciones.

Así que, en lugar de depender solo de esa chispa momentánea, cultivemos la constancia y el compromiso con nuestro propósito. Cada pequeño paso que damos en la dirección correcta nos acerca un poco más a la orilla de nuestras metas.

> Tu realidad se moldea a partir de tus pensamientos. Tú vives como piensas.

Por ejemplo, si consideras que vivir con deudas es lo habitual, esa creencia se convertirá en la pieza angular de tu percepción de la vida, es decir, la tapa de tu rompecabezas. ¿Lo recuerdas? Según la reconocida conferencista Margarita Pasos, nuestra mente posee un mecanismo telemétrico similar a un misil que le permite localizar y seguir su objetivo. Así nuestra mente busca y persigue las referencias que le proporcionas.

El psicólogo Carl Jung expresó la poderosa idea: "como somos afuera, somos adentro", lo que significa que nuestra forma de ser en el mundo exterior refleja nuestro mundo interior. Para cambiar nuestra vida externa, debemos transformar la imagen predominante en nuestra mente a través de la visualización, utilizando imágenes positivas como referencia para reprogramarnos.

Decidimos cambiar cuando descubrimos que quedarnos como estamos duele más que el esfuerzo que implica mejorar. Es ese el momento de "ya basta" que nos empuja a movernos y buscar algo mejor.

La pregunta es: ¿tu sistema de creencias te ha dado lo que quieres? Si no es así, ¿por qué lo sigues defendiendo?

El cambio comienza con un simple paso: el valor de dejar atrás lo conocido por la promesa de lo que podría ser. Da ese paso hoy, porque la vida que deseas está al otro lado del miedo y de la comodidad.

No te conformes y sigue luchando por tus sueños, pero hazlo desde la serenidad interior. Vive con amor fati[11], abrazando tu destino con una aceptación total de todo lo que atraviesas en la vida,

---

[11] "Amor fati" es una expresión latina que se traduce como "amor al destino". Asociada con el filósofo Friedrich Nietzsche, esta frase refleja una mentalidad de aceptación total de todo lo que nos sucede en la vida, tanto lo bueno como lo malo, como una parte esencial de nuestra experiencia humana.

reconociendo cada experiencia, buena o mala, como una lección valiosa en nuestro viaje, pero sin quedarte atrapada en la pasividad. Sigue avanzando con determinación hacia tus metas.

EL ÚLTIMO EMPUJÓN:

Resumiendo, te comparto los pilares fundamentales de este libro, a manera de ideas clave que te ayudarán a fortalecer tus cimientos y avanzar hacia tus metas con confianza:

1. En medio del caos, el equilibrio es saber que puedes manejar lo que venga y aun así avanzar hacia tus metas. La abundancia es sentir que tienes suficiente, incluso cuando todo a tu alrededor está en constante cambio y no hay certezas.

2. Cuando encontramos equilibrio interno, estamos más receptivas a la abundancia

en nuestras vidas. Por lo tanto, aprender a mantener la calma y la confianza en momentos de caos nos permite desbloquear nuestra mente y permitir que la abundancia fluya libremente, atrayendo así oportunidades y recursos inesperados.

3. La abundancia no se mide por lo que acumulas sino por lo que valoras. Es la riqueza de apreciar cada experiencia y la prosperidad de vivir con gratitud. Haz de ella tu estilo de vida.

4. "No le pongas límites a tu imaginación. Soñar es gratis, dijo Albert Einstein, quien afirmó que "la imaginación es más importante que el conocimiento". Recuerda que todo lo que existe en el mundo alguna vez fue un sueño en la mente de alguien. Aprende a pensar en grande y visualiza tus metas. No permitas que nada ni nadie te robe tus sueños ni que el síndrome del impostor te sabotee.

5. Abraza los momentos inesperados de serendipia, ya que son como un guiño del universo en medio del caos: un recordatorio de que las sorpresas y los hallazgos afortunados también forman parte del camino.

6. "Si la meta no te asusta, estás pensando en pequeño", advirtió Bryan Tracy. La mente es como un jardín: si no la cuidas

adecuadamente, las malas hierbas roban los nutrientes del suelo, el agua y la luz solar a tus plantas, además de dar mal aspecto. Por eso, aprende a cultivar tus pensamientos positivos y a sembrar tus metas en ella. Recuerda que no se puede derrotar a quien nunca se da por vencido.

7. La calidad de tu vida no se mide por las respuestas que recibes, sino por las preguntas que te atreves a hacer. La preguntas poderosas pueden abrir puertas nuevas y llevarte a lugares que nunca imaginaste. Deja entrar a la curiosidad a tu vida y desafía las suposiciones preestablecidas.

8. Acepta la responsabilidad de tu vida. Cada gramo de peso en tu cuerpo es consecuencia de lo que decidiste que entrara por tu boca. Cada centavo de deuda en tu tarjeta, es secuela de las compras que hiciste. Cada vínculo afectivo que tienes, es resultado de tus palabras y acciones. Cuando nos hacemos cargo de lo que hacemos, tomamos las riendas de nuestra vida. Podemos cambiar el rumbo hacia donde queremos ir, construyendo así una vida que nos llene de sentido y plenitud.

9. El equilibrio entre la vida personal y profesional es como caminar por la cuerda floja: requiere concentración, destreza y

determinación. Pero recuerda, no se trata de mantener un balance perfecto todo el tiempo, sino de aprender a bailar con los vientos cambiantes de la vida. Encuentra tu ritmo, haz ajustes cuando sea necesario y no olvides que la verdadera estabilidad surge al establecer rutinas y límites sanos que te permitan disfrutar tanto de tu vida personal como profesional.

10. En el mundo actual, tu marca personal es tu mejor activo. Es lo que te permite diferenciarte y construir una presencia sólida tanto en el entorno virtual como en el físico. No subestimes su poder y trabaja constantemente en alinearla a tus objetivos y valores personales.

EL MALETÍN DE RECURSOS: KIT DE HERRAMIENTAS PARA CONSTRUIR TU MEJOR VERSIÓN

La etapa final de nuestro viaje, es un buen momento para desentrañar los nudos que nos atan. Aprendamos a desempacar estas herramientas y a emplearlas a nuestro favor. Aquello que permanece en la sombra escapa a nuestro dominio; cuanto más profundicemos en este conocimiento, mejores estrategias implementaremos para nuestro empoderamiento personal. Te comparto dos series de listas, una de afirmaciones y otra de creencias limitantes que te servirán de guía para identificar con cuáles conectas y puedas construir mejoras a partir de ellas. La lectura a partir de este punto es a nivel de consulta y podrás regresar a ella todas las veces que se requiera.

AFIRMACIONES: PALABRAS QUE TRANSFORMAN

> *"Las palabras que pronuncias se converten en la casa en la que vives"*
>
> Hafiz.

Las afirmaciones son declaraciones cortas con un enfoque constructivo que se repiten a diario para fomentar o fortalecer un cambio positivo en tu vida. Son como pequeñas píldoras de motivación que nos tomamos cada día y suelen estar relacionadas con metas personales.

Esta idea me quedó clara la primera vez que escuché hablar de las afirmaciones, pero la realidad es que siendo un poco incrédula, me costó trabajo imaginar que un simple eco de mi voz frente al espejo pudiera tener impacto al depender de palabras repetidas sobre acciones concretas y racionales.

Como lo comenté con anterioridad, en el libro Secretos de la Mente Millonaria, Harv Eker describe que no incorporó de primera intención la acción de repetir afirmaciones diarias, pero consideró que no tenía mucho que perder al adoptar esta nueva práctica con mentalidad abierta.

Con esa idea, decidí también darle una oportunidad a las afirmaciones. como un experimento, pensando que podría ser un descubrimiento interesante, incorporar intenciones positivas diarias para sembrar semillas de cambio en mi interior y enviar mensajes a mi subconsciente para cambiar mis patrones de pensamiento negativos o limitantes.

No fue instantáneo, pero con constancia, las afirmaciones se han ido convirtiendo en un diálogo interno de empoderamiento al recordarme diariamente mis valores y mis metas. Y así, poco a poco, esas semillas han ido germinando en acciones y resultados visibles.

Las afirmaciones no son magia, son una práctica de transformación personal. Así que te animo a darle también una oportunidad a las afirmaciones. Después de todo, ¿qué puedes perder?

Al repetir afirmaciones con regularidad, puedes influir en tus pensamientos y actitudes, fortaleciendo una mentalidad positiva para alcanzar tus objetivos.

Contribuyen igualmente a fortalecer tu bienestar emocional y a enfocarte como si estuvieras construyendo un escudo protector que te prepara para alcanzar tus objetivos personales.

Dominar el arte de las afirmaciones de manera efectiva tiene su encanto, por lo que te comparto una serie de tips que puedes ir incorporando:

1. **Paciencia y constancia:** Su incorporación requiere tiempo, persistencia y frases adaptadas a ti. No esperes resultados de la noche a la mañana.

2. **Conexión y claridad:** Conecta verdaderamente con cada frase que escojas, elige afirmaciones cortas, enfocadas y redactadas en presente para que tu mente y tus palabras estén en armonía.

3. **Atención plena y compromiso diario:** Al repetirlas diariamente, concéntrate en el momento presente, escuchando tu voz con atención. Que tu primer pensamiento del día sea para tu crecimiento.

4. **Visualización:** Imagínate alcanzando tus objetivos mientras recorres mentalmente el camino hacia ellos. Este ejercicio fortalece tu motivación y confianza en ti misma.

5. **Creencia y confianza en tus afirmaciones:** Dale un voto de confianza y cree en lo que dices al pronunciar tus afirmaciones. La convicción es clave para su efectividad.

Esta es una forma de autocuidado emocional y puede aprenderse con dedicación y compromiso. Los resultados no aparecerán de la noche a la mañana. Empezar y ser constantes pueden ser la parte más costosa de las afirmaciones positivas.

AFIRMACIONES POR CATEGORÍA

Las afirmaciones categorizadas nos permiten navegar con facilidad hacia aquellos pensamientos que mejor se alinean con nuestras necesidades y momentos particulares. Al igual que un mapa que nos guía por diferentes rutas, las categorías nos ayudan a encontrar rápidamente las palabras que resonarán con nuestras experiencias y emociones específicas. Cada afirmación, independientemente de su categoría, es una herramienta útil que actúa como un faro de luz, iluminando y fortaleciendo distintas áreas de nuestra vida, desde la confianza hasta la gratitud, creando un espectro completo de apoyo emocional y mental.

SELECCIONA AQUELLAS CON LAS QUE CONECTES

Ejemplos de afirmaciones para controlar el estrés y la ansiedad

1. Puedo manejar cualquier situación que se me presente
2. Puedo abordar cualquier problema paso a paso
3. Controlo mi respiración y el hacerlo me trae calma
4. Mi ansiedad no me define
5. Me permito sentir mis emociones y las acepto sin juzgarme
6. Cada día estoy aprendiendo a manejar mejor el estrés y la ansiedad
7. Tengo el poder de liberar tensión en mi cuerpo y mente
8. Encuentro momentos de tranquilidad en medio del caos de la vida
9. Mis pensamientos no me controlan; yo controlo mis pensamientos
10. Me permito soltar lo que no puedo controlar y enfocarme en lo que sí puedo cambiar

11. Estoy rodeada de amor y apoyo, lo que me brida fuerza en tiempos de ansiedad ☐

12. Encuentro paz en la quietud y la calma que puedo crear en mi interior ☐

Ejemplos de afirmaciones para la superación personal

1. Estoy en constante crecimiento y aprendizaje ☐
2. Afronto mis miedos y desafíos con valentía ☐
3. Aprendo de mis errores y los convierto en oportunidades ☐
4. Siempre busco mejorar y ser la mejor versión de mí misma ☐
5. Merezco amor y felicidad en mi vida ☐
6. Tengo confianza en mí misma, en mis habilidades y en mi capacidad de tomar buenas decisiones ☐
7. Tengo derecho a decir que NO ☐
8. Tengo derecho a decir que SI ☐
9. Me estoy convirtiendo en la mejor versión de MÍ ☐
10. Tengo permitido cometer errores y no estar al máximo de energía y está bien ☐

11. Elijo ser amable conmigo y amarme incondicionalmente ☐
12. Cambiar de pensamientos es fácil y cómodo ☐

Ejemplos de afirmaciones para la gratitud

1. Valoro las pequeñas cosas que hacen que la vida sea hermosa ☐
2. Aprecio la abundancia que me rodea ☐
3. Cada día encuentro razones para dar gracias ☐
4. Agradezco tener personas en mi vida que me aprecian y a quienes aprecio, que comparten mi camino y enriquecen mi vida ☐
5. Agradezco mi trabajo ☐
6. La gratitud llena mi corazón y me conecta con la abundancia de la vida ☐
7. Valoro todas las experiencias que la vida me ofrece ☐
8. Cuando estoy agradecida atraigo aún más motivos para dar gracias ☐
9. La gratitud me llena de alegría y me ayuda a vivir el presente ☐
10. La gratitud transforma con paz lo que tengo en suficiente por ahora ☐

11. La gratitud es el faro que ilumina mi camino en la vida ☐
12. La gratitud es el mejor regalo que puedo dar y recibir ☐

Ejemplos de afirmaciones para la abundancia y dinero:

1. Acepto, atraigo y agradezco la riqueza y abundancia en todas las áreas de mi vida ☐
2. La abundancia fluye hacia mí de forma constante y natural ☐
3. Mi relación con el dinero es saludable y armoniosa ☐
4. Tengo la capacidad de crear riqueza y compartirla con generosidad ☐
5. Estoy en equilibrio con el flujo de dinero en mi vida ☐
6. Agradezco la abundancia que tengo y la que está en camino ☐
7. El dinero es una herramienta que utilizo para crear un mundo mejor ☐
8. Merezco abundancia, ya que es un derecho natural y yo lo acepto con gratitud ☐
9. Soy un imán para el dinero y las oportunidades financieras, reconociéndolas cuando se presentan ☐

10. Confío que mi capacidad para atraer riqueza es ilimitada y la utilizo para crear una vida extraordinaria ☐

11. Mis decisiones financieras se alinean con mis valores, creando un flujo constante de recursos para contribuir a mi bienestar y al de otros ☐

12. Reconozco y aprovecho las oportunidades para recibir abundancia, dinero y prosperidad ☐

Ejemplos de afirmaciones para las relaciones y el amor:

1. Mis relaciones son sanas, equilibradas, significativas y enriquecedoras ☐

2. El amor fluye hacia mí y desde mí en todas mis interacciones ☐

3. Me rodeo de gente positiva; soy amada y valorada por las personas que me rodean ☐

4. Agradezco tener personas en mi vida que me aprecian y a quienes aprecio ☐

5. Mis relaciones están llenas de respeto, amor y alegría ☐

6. Soy merecedora de amor incondicional y relaciones significativas ☐

7. El amor que doy regresa a mí multiplicado ☐

8. Mis relaciones son reflejo de mi autoestima y amor propio ☐

9. Encuentro la belleza en la diversidad y en la singularidad de cada individuo ☐

10. Puedo decir adiós a las relaciones que no me hacen bien poniendo límites sanos ☐

11. El respeto mutuo es fundamental en mis relaciones, lo exijo y ofrezco ☐

12. El amor comienza conmigo misma, me valoro y me respeto ☐

Ejemplos de afirmaciones para la salud y el bienestar:

1. Me acepto tal como soy ☐
2. Merezco sentirme bien conmigo misma ☐
3. Mi salud puede fluctuar de un día para otro y está bien ☐
4. Cuido mi cuerpo y mente con amor y paciencia ☐
5. Mi cuerpo tiene una increíble capacidad de recuperarse ☐

6. Acepto mi salud actual y me comprometo a buscar el mejorar gradualmente ☐

7. Cada día encuentro formas de cuidar de mí misma y sentirme mejor ☐

8. Estoy en sintonía con mi cuerpo y tomo decisiones que lo benefician ☐

9. Aprecio los momentos de descanso y autocuidado que me permito ☐

10. Escucho mi cuerpo, lo amo y acepto sin condiciones, con amor y conciencia ☐

11. Me gusta cuando me veo en el espejo, amo cada centímetro de mi cuerpo ☐

12. Cuido mi cuerpo con atención y respeto, encontrando en el ejercicio y en la alimentación un sendero de placer y armonía física ☐

CREENCIAS LIMITANTES: ROMPIENDO LAS CADENAS DE LO IMPOSIBLE

> "El hombre a menudo se convierte en lo que cree ser"
> Mahatma Gandhi.

En el majestuoso jardín de nuestra mente, surgen pensamientos que, como raíces profundas, se entrelazan con nuestra percepción del mundo. Estas creencias son tan familiares y las tenemos tan adheridas que son como "un perejil en el diente" obvias para todos, menos para nosotras. Al ser invisibles, pero poderosamente incorporadas, nos moldean y nos limitan. Son como los muros de una prisión autoimpuesta, donde las rejas están hechas de palabras y las cerraduras son nuestros propios miedos. Funcionan como un filtro con el que vemos el mundo, a los demás y a nosotras mismas.

¿Cómo definiríamos a las creencias negativas o limitantes? Como etiquetas que nos asignaron o nos asignamos, pero que hemos validado a lo largo del tiempo; son expectativas que nos aprisionan. También se manifiestan como esa pequeña voz interior que susurra: "No puedes hacerlo", "No eres lo suficientemente buena", "El éxito es para otros, no para ti". Son las historias que nos contamos a nosotras mismas, y siendo tan buenas narradoras, pues nos las creemos.

Pero, ¿por qué persisten? Quizás sea porque las creencias limitantes son como viejas amistades que ya no cuestionas. Nos aferramos a ellas porque son familiares, incluso si nos impiden volar. Tememos lo desconocido y preferimos quedarnos en la comodidad de lo que ya conocemos.

También es posible que las creencias limitantes sean nuestro mecanismo de autodefensa. Nos protegen de posibles fracasos y rechazos. Nos mantienen cómodamente en nuestra zona segura, nuestra zona de confort. Pero, paradójicamente, al hacerlo, también nos impiden alcanzar nuestro verdadero potencial.

Entonces, ¿cómo rompemos estas cadenas invisibles? Comenzamos por cuestionarlas. ¿Son verdaderas? ¿Son nuestras o nos las impusieron?

De hecho, también existen "dichos" muy comunes que representan las creencias negativas o limitantes. Seguramente habrás escuchado algunos. Si vienen de personas de autoridad para ti, se habrán arraigado en tu ser con mayor fuerza, ¿Por qué habrías de cuestionar lo que dijo tu papá, tu maestro, tu mejor amigo o a quien más admiras?:

- El que mucho guarda, poco tiene
- No hay mal que por bien no venga
- Pan para hoy, hambre para mañana
- Más vale malo por conocido que bueno por conocer

- Siempre falta un clavo para un herrero
- El dinero no compra la felicidad
- Más vale el buen nombre que muchas riquezas
- Esta es su humilde casa

Quizás, al final, las creencias limitantes existen para recordarnos que somos humanos. Pero también somos capaces de transformarnos, de desafiar lo imposible y de escribir nuestra propia historia.

Pero, ¿qué pasaría si pudiéramos desafiar esas creencias? ¿Si pudiéramos arrancar las cadenas que nos atan y liberarnos para explorar lo desconocido? ¿Y si las soltáramos y abrazáramos la posibilidad de explorar otras opciones?

La verdad es que somos las que diseñamos nuestras propias limitaciones. Si construimos muros, también podemos derribarlos.

Así que aquí estamos, en el umbral de la posibilidad. Este es el preámbulo para una lista de las típicas creencias limitantes que todas hemos enfrentado en algún momento. Pero antes de sumergirnos en esa lista, recordemos que somos capaces de más de lo que imaginamos. Las estrellas no se preocupan por los techos, y nosotras tampoco deberíamos.

¿Estás preparada para desafiar tus creencias? Subraya esta página mentalmente, porque estamos a punto de explorar un territorio donde lo imposible se convierte en una simple palabra en desuso.

SELECCIONA AQUELLAS CON LAS QUE TE SIENTES IDENTIFICADA

Ejemplos de creencias limitantes relacionadas contigo misma:

1. El cambio es peligroso ☐
2. No tengo fuerza de voluntad ☐
3. El fracaso es inaceptable ☐
4. No puedo dejar de compararme con los demás ☐
5. No tengo la edad adecuada (soy demasiado joven / mayor) ☐
6. No tengo suficiente... tiempo / recursos / experiencia / valor / suerte ☐
7. No soy suficientemente... inteligente / talentosa / creativa / fuerte / buena / paciente ☐
8. No soy suficientemente... atractiva / ordenada / ahorradora / disciplinada ☐
9. No puedo cambiar mi o mis... hábitos / mis costumbres / trabajo / amigos / residencia ☐
10. No puedo... pedir ayuda / superar mis miedos / aprender / cambiar ☐
11. No merezco... la suerte / la oportunidad / el perdón / el éxito / cuidarme / la felicidad ☐

12. Yo soy: celosa / envidiosa / enojona / torpe / miedosa / tímida / orgullosa / reprimida / insegura / dependiente

Ejemplos de creencias limitantes relacionadas sobre las relaciones y los demás:

1. No puedo confiar en los demás
2. No tengo los contactos adecuados
3. La gente es egoísta
4. Las personas siempre tienen segundas intenciones
5. Nadie escuchará lo que tengo que decir
6. No merezco el apoyo de los demás
7. La gente siempre me juzga
8. Todos son más exitosos, con más suerte, más competentes, con mejores relaciones que yo
9. No merezco una relación feliz
10. No puedo encontrar a alguien adecuado para mí
11. Todos son iguales (hombres, mujeres, maestros, políticos, los de determinada nacionalidad, de determinado signo, de determinado nombre)
12. La gente no cambia

Ejemplos de creencias limitantes relacionadas sobre el dinero:

1. El dinero es la raíz de todos los males, solo trae problemas y complicaciones ☐
2. El dinero es difícil de conseguir y fácil de perder ☐
3. El dinero no compra la felicidad, mejor pobre pero honrado ☐
4. Nunca podré salir de deudas y ganar lo suficiente para vivir con comodidad ☐
5. El dinero es solo para personas corruptas, avariciosas y egoístas ☐
6. Los ricos no tienen problemas ni preocupaciones ☐
7. Si alguien tiene más es porque se lo quitó a otro ☐
8. Siempre seré pobre porque así es como nací ☐
9. Siempre tendré que trabajar duro para ganar dinero ☐
10. El dinero solo trae felicidad temporal y superficial ☐
11. No soy lo bastante valiente para tomar riesgos financieros ☐

12. No merezco disfrutar de lujos y comodidades ☐

Ejemplos de creencias limitantes relacionadas sobre la abundancia:

1. La abundancia es solo para unos pocos privilegiados ☐
2. La abundancia solo llega a quienes trabajan excesivamente duro ☐
3. La abundancia es egoísta y materialista ☐
4. Siempre viviré con la preocupación de no tener suficiente ☐
5. La abundancia es algo inalcanzable para mí ☐
6. La abundancia es solo para aquellos que nacen en familias adineradas ☐
7. La riqueza y la abundancia son sinónimos de corrupción y deshonestidad ☐
8. Nunca podré tener suficiente para sentirme verdaderamente abundante ☐
9. Siempre tendré que luchar y sacrificarme para tener algo de abundancia ☐
10. La abundancia es solo para los codiciosos, ambiciosos y los que tienen suerte ☐

11. No soy lo bastante digno de vivir una vida de verdadera abundancia y plenitud
12. La abundancia es una ilusión y nunca podré experimentarla realmente

EPÍLOGO

Al completar esta aventura, no puedo evitar sentir una profunda gratitud. Ha sido un honor inmenso que hayas compartido este viaje conmigo, ya que cada palabra escrita ha sido un eco de mis propias experiencias y aprendizajes, por lo que espero que haya resonado en tu corazón de la misma manera que lo hizo en el mío. Eso es lo que supongo que todos los que escribimos deseamos lograr en nuestros lectores: conectar.

Sé que el camino hacia la abundancia y el equilibrio puede ser como una montaña rusa de emociones. Lo experimento cotidianamente, pero ahora busco enfrentarlo con una actitud de emoción en lugar de ansiedad. Cada obstáculo, cada curva cerrada es una oportunidad para crecer y aprender. ¿Qué dificultades has superado en tu propia vida? ¿Qué lecciones has aprendido en el camino?

Como eco de estas ideas, ahora apunta a la excelencia, no la perfección. Te animo a seguir explorando, a seguir buscando tu propia verdad. Tal como Napoleón Hill dijo: "si lo crees, lo creas", no dejes de creer en tu capacidad para crear la vida que deseas. Tus páginas en blanco esperan la tinta que escriba con creatividad tu destino. ¡Que tus aventuras sean épicas y tus viajes memorables!

DEDICATORIA

A todas las mujeres que hacen la diferencia. A aquellas que me han iluminado, desde mis pequeñas sobrinas hasta mis grandes mentoras. A mis amigas que me han acompañado con su apoyo y su inspiración librando sus propias batallas. A todas las mujeres de mi familia que me hacen sentir orgullosa de ser parte de ella. A todas las inspiradoras mujeres con las que colaboro profesionalmente. A ti, que tienes este libro en tus manos. Gracias miles.

AGRADECIMIENTOS

> "La gratitud es la mejor actitud"
> Liliana G. De la Cueva.

Gracias a cada uno de ustedes por ayudarme a hacer este sueño realidad:

Gracias Vic por ser mi mejor amigo, mi inspiración y el amor de mi vida. Gracias Andy y Viq por sus valiosas recomendaciones y su fresca perspectiva. Gracias Liz, Maru y JJ por su apoyo incondicional.

TU SIGUIENTE PASO

¿Lista para brillar? No te quedes atrás. Sígueme la pista:

Facebook: @zapatillasparaeléxito

Instagram: @zapatillas_para_el_exito

Página web: www.zapatillasparaelexito.com

www.ingramcontent.com/pod-product-compliance
Lightning Source LLC
Chambersburg PA
CBHW050057230526
45470CB00004B/1564